한국건축
중국건축
일본건축

한국건축 중국건축 일본건축

1판 1쇄 발행 2015. 5. 20.
1판 8쇄 발행 2024. 4. 26.

지은이 김동욱

발행인 박강휘
편집 김상영 | 디자인 안희정
발행처 김영사
등록 1979년 5월 17일(제406-2003-036호)
주소 경기도 파주시 문발로 197(문발동) 우편번호 10881
전화 마케팅부 031)955-3100, 편집부 031)955-3200 | 팩스 031)955-3111

값은 뒤표지에 있습니다.   ISBN 978-89-349-7097-2 03610

홈페이지 www.gimmyoung.com   블로그 blog.naver.com/gybook
인스타그램 instagram.com/gimmyoung   이메일 bestbook@gimmyoung.com

좋은 독자가 좋은 책을 만듭니다.
김영사는 독자 여러분의 의견에 항상 귀 기울이고 있습니다.

한국건축
중국건축
일본건축

韓中日
建築

동아시아 속
우리 건축
이야기

김동욱

김영사

우리 주변에서 한국 건축에 대한 관심이 부쩍 높아졌다. 하늘을 향해 나를 듯 치켜 올라간 지붕의 처마, 반질반질한 윤기가 배어나오는 마룻바닥의 크고 작은 널빤지, 군데군데 갈라진 틈이 보이는 나무 기둥의 숨결, 울긋불긋하면서 무언가 이야깃거리가 많아 보이는 단청, 이런 것들이 만들어내는 건물의 따사로움이 한국 건축을 특징짓는 요소들이 아닌가 싶다.

이런 특징을 지닌 한국 건축이 소중한 우리 문화유산이라는 것은 새삼 강조할 필요가 없다. 그러나 지나치게 우리 건축 유산이 훌륭하다는 점을 강조하다 보면 상대적으로 다른 나라 문화를 낮추어 보거나 전혀 관심을 갖지 않게 되는 문제를 낳는다. 남들의 존재를 인정하지 않고 관심을 두지 않으면 남들도 우리를 무시하는 것은 당연한 이치다. 타인에 대해 관심을 갖고 그들의 문화를 존중하고 인정해줄 때 비로소 타인들도 우리를 바라보고 우리 존재를 인정해주게 마련이다. 그런 점에서 그동안 우리는 지나치게 우리 자신의 장점을 내세우는 데만 몰두한 경향이 있다.

한국 건축에 대해서도 막연한 신화가 깔려 있는 듯하다. 한국 건축의 처마 곡선은 무조건 아름답다고 평가되고, 단청은 무언가 은은하면서 차분한 멋이 있으며, 창살 문양은 중용의 미를 살렸다는 식의 이야기가 공공연히 입에 오르내리고 있다. 이런 주장은 지난 50여 년, 우리 문화의 자긍심을 일깨우는 방편으로 유용했지만 이제는 이런 자기도취적 평가에서 벗어나 우리 스스로를 객관적으로 바라볼 때가 되었다고 판단된다.

이 책은 우리나라 전통 건축을 조금 객관적인 시각에서 솔직하게 들여다보려고 시도한 것이다. 특히 우리 건축의 형성에 큰 영향을 준 중국 건축과의 공통점이나 차이점을 찾아보고 또 우리와 유사한 전개 과정을 밟아온 일본 건축과 비교해보면서 우리 건축의 특질을 찾아보려고 한 것이다. 이런 객관적인 시각과 비교 관찰 자세를 통해서 지금까지 너무 아전인수 격으로 자화자찬해온 경향이 있는 한국 건축에 대한 조금 냉정한 평가를 해보려고 한다. 이런 시각에서 한국 건축이 달성한 가치를 찾아보고 아울러 그 한계도 생각해보려는 것이 이 책의 목적이다.

이런 작업은 결코 쉬운 일이 아니다. 방대한 영토에 다양한 유형의 건축물을 지닌 중국 건축을 간단히 몇 마디로 언급한다는 것이 도저히 가능한 일이 아니라는 것을 잘 알고 있다. 복잡하고도 특수한 사회 변천 속에서 전개돼온 일본 건축에 대해서도 그 진수를 제대로 파악하기가 용이하지 않다는 점은 새삼 말할 필요도 없는 일이다. 그럼에도 불구하고 두 나라의 건축을 염두에 두면서 한국 건축의 특질을 이야기해보려고 하는 것은 그것이 우리가 반드시 짚고 넘어가야 할 당면한 과제라고 절실하게 깨닫고 있기 때문이다.

내가 이해하는 중국 건축은 몇몇 개설서를 읽어보고 몇 차례 단체 여행을 따라가서 건물들을 조금 구경한 수준이다. 이런 실력으로 중국 건축을 운운하는 것이 어불성설이란 것을 잘 알지만 감히 시도해보았다. 잘 모르는 건축 세부는 북송 때 나온 건축 기술서《영조법식 營造法式》에 많이 의존했다. 일본 건축은 기존의 연구들이 잘 정리되어 있어서 세부적인 내용이 쉽게 파악되는 편이다. 그러다 보니 이 책에서 다루는 내용이 중국 건축보다는 일본에 치우친 경향이 있지 않나하는 우려도 있다. 이런 염려에 대해서는, 세상 완전한 것이 하루아침에 나올 수는 없는 노릇이고 어설픈 시도라도 자꾸 쌓여야 더 나은 단계로 간다는 말로 얼버무리는 수밖에 없겠다.

이 책을 쓰는 데 그동안 함께 중국 건축을 보러 다닌 장순용 소장을 비롯한 전통 건축 연구회의 여러분들 도움이 컸다. 건축은 역시 책으로 읽는 것보다는 실물에서 답이 나온다는 진리를 깨달았다. 대학을 정년퇴직하고 몸담고 있는 역사건축기술연구소의 이경미 소장과 나눈 폭넓은 대화들이 이 책을 구성하는 소중한 자양분이 되었다. 두루 감사한 마음이다.

여기 쓴 글의 대부분은 선학들의 연구 성과에 의존한 것들이다. 일일이 전거를 밝히지 못한 점에 대해서는 널리 양해를 구할 따름이다.

2015년 5월

김동욱

3. 천변만화하는 목조건축의 백미, 공포와 화반

4. 고인돌에서 천상의 세계까지, 석조물

5. 구들과 확산과 좌식 생활, 난방시설

6. 바람이 불어오는 문, 창호

7. 휘황찬란한 아름다움, 채색과 조각의 세계

8. 엄정성과 역동성 사이, 공간 배치와 누각

상호 교류를 통해
이루어낸 동아시아 건축의 성취

적극적인 교류의 시대, 그 성과

공자가 살던 춘추전국시대에 중국의 실내는 의자가 없었다. 신분 높은 사람들은 탑欌이라고 하는 평상 같은 낮은 탁자에 무릎을 꿇고 앉거나 무릎을 포개어 앉아서 지냈다. 이런 중국인들의 생활에 의자가 도입된 것은 1, 2세기경 후한대로 알려져 있다. 당시 활발한 교역을 하던 서역, 즉 페르시아 쪽에서 중국인들이 호상胡床이라고 부르는 간이식 의자가 들어온 것이다. 처음에는 다리를 걸치고 앉는 호상에 대해 중국인들은 호의적이지 않았다. 상대에게 다리를 보이는 것이 예에 맞지 않는다고 여긴 탓이다. 그러나 의자의 편리함이 이런 예禮 타령을 밀어냈다. 5~6세기 남북조시대가 되면 의자는 제법 널리 확대되었으며 아울러 침상도 보급되기에 이르렀다.[1]

3세기경에 이루어진 불교의 도입도 의자식 생활 확산에 한몫을 했다. 간다라 지역 문화를 혼합한 인도 불교는 의자에 앉은 부처님 모습을 전파해주었기 때문이다. 수·당대에 들어오면 의자는 상류층은 물론 하류층에까지 확산되어 중국인의 일상에서 빼놓을 수 없는 부분이 되었다. 의자는 곧 고구려에 전해지고 뒤이어 백제, 신라를 거쳐 일본에도 전해졌다. 고구려 고분의 벽화 중에는 탑에 앉은 모습도 있지만 의자에 걸터앉은 자세도 묘사되어 있다.[2] 뒤이어 불교가 삼국에 전해지고 일본에도 전파되면서 이들 지역에는 빠르게 중국의 문화는 수용되었다.

고구려에 중국 전진前秦 왕이 순도라는 승려를 보내 불교를 전해준 것은 372년이라고 하며 384년에는 진晉에서 인도승 마라난타가 백제에 왔다는 기사가 《삼국유사》에 있다.[3] 이후 고구려와 백제는 적극적으로 불교를 받아들이고 왕이 사는 도성에 불교 사원을 지었다. 한편 541년 백제 성왕은 중국 남쪽의 양梁나라에 경전과 함께 장인과 화사畵師를 보내줄 것을 청하여 허락을 받았다는 기사도 보인다.[4] 백제는 왜국에 문화를 전하는 동시에 중국으로부터 선진 문물을 적극 수용한 것이다.

섬서성 서안 자은사慈恩寺 대안탑 중국에 불교가 도입된 후 당의 수도 서안에는 높이 70미터에 가까운 벽돌탑이 세워졌다.

2007년 부여 왕흥사 터에서 금으로 만든 사리공양구가 출토되고 그 안에서 각종 금 장식물과 오색영롱한 옥 제품이 나왔다. 비슷한 유물은 오래전 아스카 절터에서도 출토된 바 있어서 이 시기 한반도와 일본열도의 왕성한 문화 교류를 확인시켜준다. 577년 백제 위덕왕은 왕 자신의 발원으로 부여 백마강 건너에 왕흥사를 지었다.[5] 이 해에 왕은 불교 경론과 율사, 선사와 함께 불상 만드는 기술자와 절집 짓는 기술자 등 여섯 사람을 왜국에 보냈다.[6] 588년 왜국의 실권자 소가 우마코蘇我馬子는 일본 최초의 사원인 아스카사의 창건을 발원했다. 이 해에 백제는 다시 절 짓는 기술자와 탑 꼭대기 상륜부를 받치는 노반을 주조하는 기술자와 함께 기와 굽는 기술자, 화공을 왜국에 보냈다.[7] 또한 백제승 혜총惠總은 부처님 사리를 가지고 갔다. 고구려 화가 담징이 채색 안료와 종이며 먹의 제법을 왜국에 전한 것도 이 해였다고 전한다.[8] 그 10년 후인 598년 아스카사에서는 사리를 탑의 심초석에 안치하고 초석 위에 기둥을 세우는 행사를 벌였다. 《일본서기日本書紀》 등에 전하는 이런 기사는 당시 백제와 왜국의 활발한 인적 교류를 말해준다. 고구려 역시 이런 추세에서 뒤지지 않았던 것으로 보인다.

세계 4대 문명 중 하나로 꼽히는 중화 문명은 황하 유역에서 출발하여 독특한 사상과 제도, 문자 등을 전개해나갔다. 중화 문명은 황하 유역에서 독자적으로 꽃피운 것은 아니다. 황하를 중심으로 하되 양자강을 낀 장강 문명, 북방과 동북 지방의 초원 지역에서 형성된 초원

문명과의 상호 교류를 통해 그 형태를 구체화시켜나갔다고 보는 것이 최근의 견해이다.

건축의 경우에도 마찬가지이다. 황하 유역은 주변을 둘러싸고 있는 황토 고원의 지리적 조건 아래서 흙으로 큰 대를 쌓고 그 위에 집을 짓되 건물도 흙벽을 기본으로 하면서 벽 안에 나무 기둥을 세워 뼈대를 이루는 방식에 의존했다. 반면에 고온다습한 기후 조건을 지닌 장강 유역은 일찍부터 큰 목재를 가공하고 홈을 파서 기둥과 보를 짜맞추는 방식이 발달해왔고 이런 기술은 점차 황하 유역의 건축에도 영향을 주었다. 그 결과 높은 대를 쌓고 토벽 구조에 의존하던 춘추전국시대 건축은 한漢나라 때 오면 완전한 목조건축으로 탈바꿈할 수 있었다.

목조를 기본으로 한 중국 건축은 7, 8세기경 당나라 때에 오면 거의 기술적인 정점에 도달한 듯하다. 순전히 나무만을 가지고 거대한 실내 공간을 만들어내고 벽돌을 가지고 높이 70미터 가까운 고층 건물을 짓는 경이를 이루어냈다.[9] 당대에 이룩한 선진 기술은 빠르게 주변 나라로 전파되어 한반도와 왜국의 건축을 한 단계 높은 수준으로 끌어올리는 데 기여했다. 고대 동아시아 문명의 특징은 활발한 문화 교류, 그중에도 사람들이 직접 왕래하는 인적 교류를 통한 문화 교류에 있다. 중국은 변경 지역은 물론 멀리 페르시아의 문화를 수용하고 인도의 불교를 도입하여 문명의 수준을 크게 끌어올렸다. 그런 중화 문명은 빠르게 한반도와 일본열도로 전파되었다. 7, 8세기는 그런 교류가 건축에 구체적으로 나타난 가장 두드러진 시기였다.

자신의 개성을 찾는 노력, 선택적인 외래문화 수용

907년 당이 멸망하고 다시 송 왕조에 의해 통일되기까지 1세기 이상 중원은 분열을 거듭하였다. 이즈음 신라 역시 중앙 권력이 쇠퇴하고 각 지방이 호족들에 의해 장악되는 변화가 나타났다. 지방 분권은 결국 후삼국의 정립으로 이어지다가 936년 고려에 의해 통일을 보았다. 일본 역시 10세기에는 외척인 후지와라藤原 가문이 정권을 장악하여 중앙 왕권이 약화되었다. 이 시기 한반도나 일본열도는 중국과의 교류를 끊고 자국의 독자적인 문화 속성을 심화시켰다.

통일 왕조를 수립한 고려는 송나라와 교류를 돈독히 가지면서 중국의 중앙집권 체제를 수용했다. 문화적으로도 송의 문물을 수용하는 데 적극적이었다. 그러나 이미 신라 말 이래로 자리 잡은 토착적인 요소도 버리지 않았다. 건축의 경우에도 중국식의 대칭적인 배치 원칙을 따르지 않고 한반도의 지리적 조건을 살려 자연에 어울리는 건물의 배치나 형태를 취하려고 노력하였다. 이런 자세는 건축의 세부에까지 확대되어 고려의 건축은 중국과는 일정한 차이를 지닌, 개성이

전라남도 구례 화엄사 신라에서는 화강암 석재를 활용한 탑을 세우고 한반도의 산세와 조화를 이룬 불교 사찰을 지었다.

뚜렷한 형태를 갖추었다.

일본 역시 고온다습하고 지진이 많은 자연 조건에 맞는 건축 특성을 꾸려나갔다. 편백나무의 일종인 히노키라는 양질의 목재는 이런 노력에 큰 결실을 안겨주었다. 지진에 대비하여 축부를 보강하는 방안이 고안되고 무겁고 단단한 기와 대신에 히노키 껍질을 얇게 켜서 지붕을 덮는 방식이 나타났다. 아울러 사방에 툇마루를 돌려 수평선을 강조한 독특한 외관이 형성되었다.

송나라는 북쪽 유목민족들의 침입에 시달리다가 결국 수도를 남쪽 항주로 옮겼다. 남송 시대에는 해로를 통한 교역에 힘을 기울였다. 양자강 어구의 양주나 남해 무역의 거점인 광주가 크게 번영을 누렸으며 명주는 고려, 일본의 교역선이 왕래하면서 번성했다. 이런 해외 교역을 통해 송의 선진 문화가 해외로 뻗어나갈 수 있었고 또 주변 나라의 문물이 송 문화에 자극을 주었다. 이 시기 고려는 남송南宋과 유대를 이어갔으며 특히 장강 하류의 복건이나 절강 사람들과 잦은 왕래를 가졌다. 남중국의 건축술이 고려에 영향을 끼친 것은 당연한 귀결이었다. 1279년 남송이 몽고족에 의해 멸망하고 중원은 완전히 원 제국의 차지가 되었다. 몽고와 항쟁하던 고려는 결국 원의 부마국이 되었으며 한민족은 큰 고통을 당했다. 동시에 원의 앞선 문물이 고려에 유입되었다. 고려의 건축도 이에 자극받았다.

장기간 섬에서 고립되어 있던 일본은 12세기 말경 남송과 긴밀한 교류를 가졌다. 이때 남송의 건축술을 통해서 기존 건축이 갖는 한계를 극복하기 위한 적극적인 노력을 펼쳤다. 그 결과 구조적인 취약점이 크게 개선되었으며 중국의 신건축이 도입되는 기회가 따랐다. 교류는 짧은 기간의 일이었지만 일본 건축에 새로운 바람을 불어넣는 혁신적인 성과로 이어졌다. 10세기 이후 동아시아 세 나라의 문화 교류는 고대와 같은 전폭적인 교류와 달리 선택적이고 간헐적인 양상을 보였다. 건축의 경우에도 토착적인 색깔을 유지하면서 부분적으로 새

후쿠이현 묘쓰지明通寺 본당과 3층탑 비교적 따스하고 습도가 높은 일본은 목재를 최대한 활용하여 탑과 불전을 세웠다.

로운 요소를 수용하는 방식으로 나타났다. 이런 과정을 거치면서 중국, 한국, 일본의 건축은 이제는 한눈에 보아도 서로 간의 차이점이 뚜렷한 양상을 전개하기에 이르렀다.

교류 단절의 시대, 건축의 독자성 성취

1368년 명나라는 몽고 세력을 북쪽으로 밀어내고 중원을 차지했다.

중원이 다시금 한족의 지배하에 놓이게 되었다. 명은 철저한 쇄국책을 펴서 주민들이 바다로 나가지 못하게 하고 허락 없이 해외에서 사람들이 들어오는 것도 금지했다. 약 30년 후 한반도에 조선왕조가 건국되자 조선 역시 철저한 쇄국책으로 일관했다. 이 시기 태평양 연안에 창궐한 왜구는 쇄국책 중 하나의 원인을 제공했으며 섬나라 일본은 극히 제한된 통로 외에는 타국과 교류할 수 있는 길이 막혔다.

명의 건국과 함께 시작된 동양 삼국의 쇄국정책은 기본적으로는 19세기까지 이어졌다. 그 사이 사신의 왕래나 비공식적인 민간의 교역 또는 남쪽 해안 일대를 통한 해상 교통이 없었던 것은 아니지만 이전과 같은 활발한 인적 왕래는 거의 단절되었다.[10] 이런 장기간에 걸친 단절은 각 나라 문화에도 커다란 영향을 끼쳤으며 그것은 세 나라 건축에도 마찬가지였다.

때맞추어 중국의 선진 문물을 원하는 유럽 상인들의 선박이 중국에 자극을 주었지만 외부의 문화적 자극을 거부하는 명의 태도를 바꾸어놓지 못했다. 명은 더 폐쇄적으로 고대의 제도와 의례로 회귀하는 자세를 보였으며 이런 명의 문화적 폐쇄성은 조선에도 영향을 주었다. 조선은 성리학으로 무장한 유교 이념을 내세우며 바깥으로 향하는 창문을 닫아걸었다.

이 시기 일본은 중국, 조선과 왕래가 여의치 않게 되자 발길을 동남아시아로 돌려 적극적으로 해외 진출을 꾀했다. 타이완, 베트남의 호이안 등 교역이 가능한 곳이라면 거리를 가리지 않고 왕래했다. 이런 적극성은 동남아에 진출해 있던 유럽 상인들을 자극해서 이들을 일본 본토로 끌어들였다. 그러나 유럽인의 진출은 자국 경제 질서의 혼란을 야기하고 특히 기독교의 전파는 정치권력의 불안감을 초래했다. 결국 17세기 초 도쿠가와德川 막부가 등장하면서 해외 교류는 막을 내리고 이후에는 일본 역시 철저한 쇄국의 단계로 접어들었다.

쇄국은 건축에 부정적인 측면과 긍정적인 측면을 낳았다. 명·청대의 중국은 그 판도를 크게 넓혀서 청 건륭제 때는 티베트 일대와 신강 지역까지 영역을 확장했다. 이런 과정에서 티베트의 건축이 중국의 심장부 북경에까지 나타났고 이슬람 사원의 화려한 색채도 등장하는 성과를 거두었다. 또한 지방 각지 소수민족들의 문화적 역량도 성장하여 건축의 다양성을 꽃피울 수 있었다. 유럽인과의 접촉도 적지 않아서 북경 원명원에 유럽식 정원도 등장했다. 그러나 이런 다양성에도 불구하고 전체적으로 보면 이 시기 중국의 건축은 선대에 이룩한 찬란한 성과에 비하여 크게 뒷걸음질쳤다. 전국을 통제하고 다스리려는 강력한 황제의 권력은 송·원대를 통해 활기를 가졌던 지방 각지의 건축들을 획일화된 틀 속에 가두어버렸다. 이런 움직임 속에서 지방 각지의 개성 넘치는 창의적인 건축 창작은 불가능해졌다. 기껏해야 강남 일대 부호들이 자신의 원림에 기화요초琪花瑤草를 가꾸고 깜짝 놀랄 장식적인 무대를 꾸미는 것이 고작이었다. 오랜 기간에 걸쳐 축적된 가공 기술도 구조적인 새로운 창안으로 발전하지 못하고 건축 세부의 장식물을 가꾸는 데 에너지를 소모할 뿐이었다. 이런 추세는 청淸대에 와서도 달라지지 않았고 오히려 그 속성을 심화시킬 따름이었다.

일본의 건축은 이 시기에 가장 눈부신 성과를 거두었다고 말할 수 있을 것이다. 외부로부터 새로운 자극을 얻을 기회가 차단된 상황에서 오히려 내부의 기술적 숙련을 달성할 수 있었다. 특히 장기간의 내란이 종식되고 한 개인에게 권력이 집중된 16세기 말에 와서 화려함의 극치를 다한 장식적인 건축이 만들어지고 기술적인 창안이 안출되었다. 혈연적으로 대를 이은 장인들은 집안의 독특한 기술을 전승하기 위해 노력했다. 부재에 일정한 비례 체계를 도입하려는 노력도 그중 하나였다. 실내 바닥에 까는 짚방석의 일종인 다다미의 치수를 기본으로 해서 창호의 크기와 기둥 간격이 모두 3의 배수로 일정한 비례에 의해 확산되는 기법도 나타났다.

부재를 일정한 비례 체계에 의해 확산해나가는 방식은 건축의 생산성을 높이는 데는 크게 기여했지만 장인의 안목이 지나치게 세부에 집착하면서 전체적인 형태의 조화를 잃는 손실도 따랐다. 그것은 전체 건물 배치의 유연성을 떨어뜨리는 결과를 낳았다.

조선왕조의 건축은 문화 단절의 부정적인 측면이 가장 두드러졌다고 볼 수 있다. 외부로부터 거의 아무런 자극을 받지 못하면서 고려 말까지 이루어온 형태를 답습해나가지 않을 수 없었다. 여기에 더해서, 유교 중심의 통치 이념이 만들어낸 기술 천시 풍조가 만연하면서 건축 기술의 창의성은 거의 사라졌다. 장인들의 사회적 지위는 세월이 흐를수록 낮아져서 기술적 창안을 궁리해볼 여유조차 주어지지 않았다. 유력한 건축의 후원자였던 불교가 지배 계층으로부터 외면되었고, 사회 지배층인 양반들은 검약을 강조하는 유교 이념 탓에 돋보이는 장대한 건물을 짓는 일을 기피했다. 건축의 세부는 왕실 주변을 제외하고는 정교함을 상실하고 기술적 완성도에서 멀어졌다.

이런 열악한 여건이었지만 삼국시대와 고려를 거쳐 맥을 이어온 조선시대 장인들의 예술혼은 결코 소멸되지 않았다. 건물 세부의 기술적 완성도에 연연하지 않고 건물 전체가 갖는 형태적 완결을 이루어내는 데서 조선시대 건축은 각별한 성과를 거두었다고 볼 수 있다. 이것은 명·청대 건축이나 근세 일본의 건축이 오래전에 잃어버린 것이었다. 건물 전체의 형태적 완결은 단위 건물 자체에 한정되지 않고 주변의 다른 건물, 건물을 둘러싼 자연환경과의 조화로까지 확대될 때 달성된다고 하겠다. 조선의 건축이 이루어낸 가장 큰 성취를 꼽는다면 바로 이런 전체적 완결이라고 할 수 있으며 그것은 주변 자연환경과 조화를 이루고 유연성을 지닌 건물의 배치, 즉 외부 공간에서 찾을 수 있을 것이다.

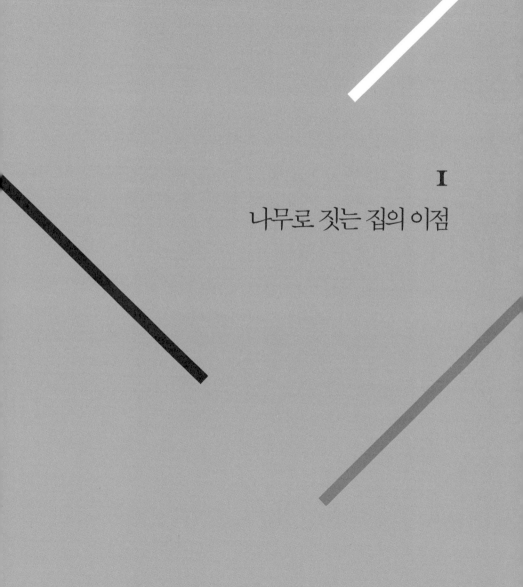

I

나무로 짓는 집의 이점

왜 돌이나
벽돌이
아니고
나무였나?

왜 우리나라는 서양처럼 돌로 큰 집을 짓지 못했나 하는 질문을 가끔 듣는다. 누구나 쉽게 가질법한 이런 질문에 바로 명쾌한 답을 내기는 쉬운 일이 아니다. 옛날 역사를 들먹이고 자연환경이나 경제력 등 이런저런 이유를 대기도 하지만 선뜻 납득시키기 어렵다.

해답을 바로 찾으려 들기보다 우리 땅에서 집이 지어진 과정을 찬찬히 살펴볼 필요가 있다. 한반도에서 본격적인 건축물이 처음 등장하는 시기를 언제로 보느냐 하는 문제는 아직 정설이 없다. 대체로 청동기시대를 거쳐 철기시대로 넘어가는 시기로 보면 어떨까 생각된다.

이 시기에 와서 부족국가가 나타나게 되면 자연히 지배 계층과 피지배 계층의 구분이 확연해지고 지배 계층은 자신들의 위상에 걸맞은 형태의 의복이나 집, 치장을 하게 마련이다. 그 시기는 대체로 기원전 3세기 이후로 볼 수 있을 것이다. 이런 욕구에 자극을 준 것은 인접해 있던 중원의 앞선 문명이었을 것이다.

중원 지역은 춘추전국시대를 거쳐 기원전 221년 진秦이 통일 제국을 건설했다. 이후 중원이 한漢나라에 의해 400년간 통치되면서 한의 선진 건축술이 한반도에 직접적인 영향을 준 것은 당연한 귀결이었다고 할 수 있다. 4세기경 불교가 중국을 통해 한반도에 전해진 것은 중국 건축술이 한반도에 정착하는 데 결정적인 기여를 했다. 따라서 돌로 집을 짓지 않은 우리나라 건축의 특질을 파악하기 위해서는 인접한 중국 건축의 형성 과정에서 그 해답을 찾는 것이 순리라고 하겠다.

중국은 이미 춘추전국시대를 거쳐 진이 천하통일을 하는 단계에서 황토로 높은 단을 쌓고 그 위에 목조로 집을 짓는 단계에 들어섰다. 뒤를 이은 한대에 오면 목조건축은 한 단계 더 발전된 양상을 띠게 되며 중국 목조건축의 특징이라고 할 수 있는 여러 요소들이 갖추어지게 된다. 즉, 지면에는 기단이라고 부르는 단을 쌓고 그 위에 나무로 기둥과 보를 걸치고 경사진 서까래를 얹어 지붕을 만든다. 서까래는 실내에 비가 들이치지 않고 햇볕도 막기 위해 밖으로 길게 내민다. 이때 특히 기둥 위에 공포栱包(중국에서 두공科栱이라고 칭한다)라고 부르는 독특한 형태의 작은 받침재를 짜올리는 것이 주목된다. 공포를 짜올리는 이유는 밖으로 길게 내민 서까래의 무게를 지탱하기 위해서이다. 지붕 위에는 기와를 올리게 되는데 기와는 아래쪽은 평평한 형상의 암키와를 놓고 그 위에 반원형의 수키와를 얹는다.

한나라에 와서 정착한 이런 독특한 요소를 지닌 목조건축은 한반도를 비롯한 인근 후진 지역으로 확산되어나갔다. 그 후 남북조 시기를 지나면서 중국의 목조건축술은 한층 정교하게 다듬어지고 그것은 고구려, 백제, 신라로 전해지고 다시 일본에 전파되기에 이르렀다.

여기서 다시 같은 질문이 나올 수밖에 없는데, 그러면 중국은 왜 돌로 큰 건물을 짓지 않고 목조로 집을 지었는가 하는 것이다. 이에 대해서는 이미 여러 선학들이 각각의 입장에서 다양한 답을 제시했지만 아직 누구나가 만족할 만한 해답을 주는 데는 성공하지 못한 듯하다. 어떤 학자는 중국의 토질이 우수한 석재를 얻기 알맞지 않다고 했지만 일부러 석재를 구하려고만 하면 그것이 불가능한 것은 아니라는 비판이 따랐다. 누구는 중국은 서양처럼 수많은 노예를 동원해서 집을 짓는 사회체제를 갖지 않았기 때문이라는 주장도 있었지만 석조건물이 반드시 노예 노동이 뒷받침되어야만 한다는 증거도 없기 때문에 설득력이 부족하다. 이 문제에 대한 여러 주장 가운데 중국의 건축가이며 역사가인 리윈허李允化는 그의 책《화하의장華夏意匠》(1980,《중국고전건축의 원리》로 2000년 한글 번역)에서 중국인들이 목조로 큰 건축물을 지을 수 있는 기술적 문제들을 해결해낼 수 있었으며 목조건축이야말로 돌이나 벽돌보다 합리적이고 최선의 형식임을 깨달았기 때문이라는 견해를 밝혔다. 나아가 기술적인 측면에서 보면 목구조는 재료, 노동력 및 시공 시간을 절약한다는 점에서 석구조보다 월등히 효과적이라는 점도 강조했다. 서양의 경우 석조건축을 만들게 된 배경에 신전을 지을 필요성이 컸던 점도 부수적으로 언급했다. 신전 같은 건물을 필요로 하지 않았던 중국은 석조건축의 수요도 없었다는 말인 셈이다.

명나라의 이름난 정원 기술자 계성計成은 저서 《원야園冶》에서 집에 대한 생각을 이렇게 설명했다.

1,000년 지속하는 집을 지을 수는 있다. 그러나 100년 후에 누가 살게 될지를 말할 수 있는 사람은 없다. 조화를 이룬 한정한 집에, 이를 감싸는 즐겁고 안락한 장소를 만들면 충분하다.[11]

이런 견해는 아마도 중국인들이 공통적으로 가지고 있던 건축에 대한 자세가 아니었나 생각된다. 중국에서 자리 잡은 이런 생각은 인근 지역으로 확산되어 동아시아 건축의 특성을 이루어냈으며 그것은 언젠가는 자연으로 돌아가는 한시적이고 비영구적인 집에 가치를 두는 태도로 정착되었던 셈이다.

나무로 집을 짓게 되면 아름다운 나뭇결을 지닌 목재의 특성을 살

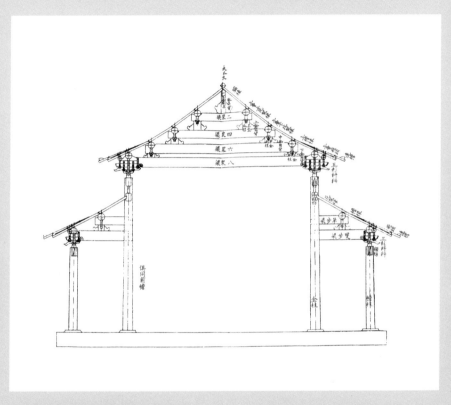

《영조법식》권 30 전각옥사殿閣屋舍 분수分數 중국 건축이 수학적 비례를 토대로 한 합리성에 기반을 두었다는 점을 이 책이 잘 보여준다.

리려는 의욕이 생기고 손쉽게 다듬을 수 있는 나무의 부드러운 속성을 살려 세밀하고 섬세한 가공이 가능해진다. 여기에 일찍부터 발달한 중국인들의 수학적 지혜가 동원되어 작은 재목에서부터 큰 기둥이나 대들보에 이르는 전체와 부분에 대한 조화로운 비례까지 고려하게 된다. 돌로 짓는 집에서 얻을 수 없는 정밀하고도 세련된 건축이 목조건축에서 가능해진다. 이런 목조건축의 속성이 동아시아 사람들에게 널리 수용되고 발전하게 된 셈이다. 힘들게 돌을 다듬고 세우는 수고를 해서 큰 석조물을 세우려 들 필요가 없었던 것이다.

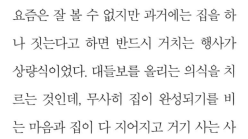

기둥과
보로
집 짓기

요즘은 잘 볼 수 없지만 과거에는 집을 하나 짓는다고 하면 반드시 거치는 행사가 상량식이었다. 대들보를 올리는 의식을 치르는 것인데, 무사히 집이 완성되기를 비는 마음과 집이 다 지어지고 거기 사는 사람의 안녕을 기원하는 행사다. 동시에 공사에 참여한 사람들에게 음식을 나누는 잔치를 열어 함께 기쁨을 나눈다. 학식 있는 어른에게서 상량문 글을 받아 집이 지어진 내력을 밝히고 축원을 한다. 비단이나 종이에 쓴 글은 대들보나 종도리 틈새 같은 곳에 깊숙이 넣어두어 몇 십 년 또는 몇 백 년 후에 집을 수리할 때 집이 처음 지어진 내력을 알 수 있도록 한다. 간혹 금붙이나 향내 나는 물건을 함께 넣기도 한다. 집을 짓게 되면 터를 다질 때 개기식, 기둥을 세울 때 입주식이라는 의식을 치르지만 그보다 중요하게 여긴 의식이 상량식이다. 그만큼 들보를 올리는 일을 중요하게 여겼다.

동아시아 목조건축은 기본적으로 주춧돌을 놓고 그 위에 기둥을 세우고 기둥 위에 들보를 걸치고 보 위에 지붕틀을 짜는 것을 기본으로 한다. 물론 목조건물 중에는 들보 없이 세우는 방식도 있다. 통나무를 가로세로 겹쳐서 짜올라가는 귀틀집도 있고 기둥 위에 바로 서까래를 경사지게 짜올리고 꼭대기에서 서까래를 붙잡아 지붕을 형성하는 방식도 있다. 그러나 이런 건물은 창고나 민간의 작은 살림집 정도에나 채택되는 방식이고 적어도 건물이 일정한 격식을 지닌 것이라면 반드시 대들보를 지닌 것이 아니면 안 된다는 믿음이 동아시아인들에게는 있었다. 동량지재棟梁之材, 즉 한 집의 대들보 감이라는 말은 나아가 나라의 기둥이 될 인물을 가리키는 말로 정착할 정도였다.

대들보에 대한 굳센 믿음은 동아시아 목조건축에 널리 확산되었다. 《영조법식營造法式》이라는 책은 1100년경 중국 송나라 때 나라에서 펴낸 건축 기술책이다. 넓은 땅덩어리에 저마다 집 짓는 방식이 제각각이어서는 효과적으로 나라를 다스리기 어렵다고 생각해서 표준적인 집 짓는 세부 기술을 정리하고 또 집 짓는 비용 산출의 통일성을 기하려고 한 책이다. 이 책에서는 건물을 격식이 높은 전당殿堂과 그보다

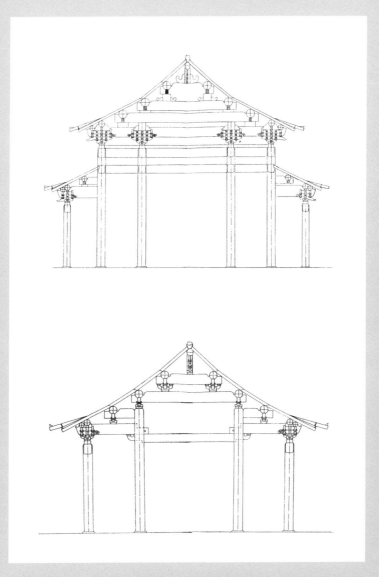

《영조법식》권 31 전당展堂과 청당廳堂의 단면 그림 중국 건축은 대들보 위주의 전당식과 고주를 활용한 청당식으로 나눌 수 있다.

낮은 청당廳堂으로 나누고 전당은 들보를 층층이 올리는 방식으로 짓도록 하고 청당은 기둥을 높이 세워 기둥을 위주로 하면서 들보는 부분적으로 사용하도록 정의 내렸다. 궁전이나 불교 사원의 불전 같은 건물은 전당식으로 짓고 지방의 관청이나 사찰의 부속 건물은 청당으로 짓는 것으로 생각했다.

이 책은 12세기경 중국 대륙의 건축을 체계적으로 정리한 점에서는 학술적으로 중요한 가치를 갖지만 그 내용이 후대 중국 건축에 큰 영향을 끼쳤다고는 보기 어렵다. 이 책은 발간 이후 후대에 전승되지 않고 거의 잊혀졌기 때문이다. 실제로 중국에서 통용되는 건축구조의 구분은 대량식擡梁式과 천두식穿斗式이 더 일반적이고 여기에 귀틀식인 정간식井干式이 있다. 대량식은 대들보를 층층이 올리는 방식을 가리키며 천두식은 기둥을 도리 높이까지 촘촘하게 세우고 기둥 사이를 횡부재가 붙잡아주는 방식이다.

중국에서 나온 건축 개설서[12]에서는 이 세 가지 유형을 두고, 황하 유역과 장강 이북에서 대량식이 널리 유행하였고 천두식은 화남, 즉 장강 이남 지역에서 많이 채택되었으며 정간식은 산림이 우거진 지역에서 소규모 건물에 쓰였다고 언급한다. 다만, 교과서적으로는 이렇게 개념적으로는 분류할 수 있지만 실제로 집을 짓는 과정에서는 지역에 한정하지 않고 그때그때 편의에 따라 적당한 방식을 선택하고 또 절충해갔음은 물론이다.

이런 중국의 건축구조는 한반도나 일본열도에서는 어떻게 수용되고 전개되었을까? 우리나라의 목조건물은 고려시대 중기 이전에 지어진 것이 전혀 남아 있지 않으니 이전 상황을 알 수 없고 일본열도에 남아 있는 사례를 통해 짐작해볼 수 있다. 두 지역의 상황으로 미루어 한반도에서는 삼국시대나 통일신라쯤에는 대량식 건물도 제법 있었음직하지만 적어도 현존하는 고려 중기 이후 건물에서는 찾아볼 수 없다. 고려 중기 이후 건물은《영조법식》에서 말하는 청당식에 가깝게 가운데 기둥을 높이 세워 그 위에 대들보를 올리고, 기둥 바깥쪽으로 높이가 낮은 기둥을 세우고, 그 사이는 툇보를 올려서 뼈대를 이루는 방식을 기본으로 한다. 이때 가운데 높은 기둥을 고주高柱라고 하고 바깥의 낮은 기둥은 평주平柱라고 부른다. 일본에는 고대에 지어진 목조건물이 제법 남아 있는데, 대량식은 보이지 않고 이른 시기부터 고주와 툇보를 활용한 방식이 눈에 띈다. 나라奈良의 호류지法隆寺 식당과 전법당 건물은 대략 8세기경에 뼈대가 갖추어진 건물인데 두 건물 다 가운데 고주 2개를 세우고 좌우로 툇보를 보내고 양쪽 끝에 평주를 세운 모습이다.

기둥을 세우고 들보를 걸어 집을 짓는 방식은 한 가지 약점을 안고 있다. 보의 길이를 길게 하기 어렵다는 점이다. 목재로 된 보는 아무리 큰 나무를 베어 온다 해도 그 길이가 20미터 이상 넘기 어렵다. 또 보는 지붕의 무게를 받기 때문에 설사 그런 긴 나무가 있다고 해도 너무 길면 보가 부러질 우려도 있다. 그 때문에 보 길이는 길어봐야 최대 10미터를 넘는 경우가 거의 없고 보통은 5, 6미터 정도에 그친다. 이것은 결국 건물의 깊이가 10미터를 넘지 못한다는 것을 뜻한다. 보통 건물이라면 5, 6미터 정도에 지나지 않으며 서민들의 살림집은 그보다 더 얕다.

만약 넓은 실내를 만들려고 한다면 보를 여러 개 연결해야 하는데 그렇게 하기 위해서는 내부에 기둥을 여럿 세워야 하고 이것은 내부 공간의 방해물이 되기 십상이다. 이런 약점이 있었지만 중국을 비롯해서 동아시아 건축은 기본적으로 기둥과 보에 의존한 방식을 고수했다.

단층과
중층

우리나라를 비롯해서 중국, 일본의 목조건물은 단층을 기본으로 한다. 간혹 누각이나 성문 같은 건물은 2층이나 3층으로 짓는 경우도 있고 불전의 경우에도 장륙상 같은 큰 불상을 모신 건물은 지붕을 3층으로 꾸미기도 하지만 기본은 단층이다. 목조건물은 기둥과 보를 적절하게 짜맞추면 얼마든지 높은 층수로 건물을 지을 수 있다. 목조건물은 돌이나 벽돌 건물보다 다층으로 집을 짓는 데 훨씬 유리하다. 목재는 상대적으로 가벼운 재료인데다 좌우나 상하 방향으로 홈을 파고 촉을 끼워서 재목들을 서로 견고하게 연결하는 데서 다른 어떤 재료가 따라올 수 없는 이점을 지니고 있다.

　이런 장점에도 불구하고 실제로 동아시아 사람들이 지은 집은 거의 단층을 기본으로 한다. 간혹 바깥에서 볼 때 지붕이 2층으로 된 경우가 있지만 내부는 하나의 공간으로 되어 있다. 예외적으로 누각 같은 건물이 있어서 2층에 올라가 주변 경치를 즐기는 경우가 있지만 큰 비중을 차지하지는 못한다.

　초기의 중국 건축은 흙으로 높은 단을 쌓고 그 위에 목조건물을 세우고 경사진 큰 지붕을 덮는 것을 기본으로 삼았다. 이런 집 짓는 자세는 이미 춘추전국시대 이전부터 황화 유역을 중심으로 갖추어졌다. 시간이 지나면서 단의 높이는 점점 낮아져서 사람 키 정도의 낮은 기단으로 정착되었고 대신 중간 부분의 건물 뼈대와 상부의 지붕이 더 형태를 갖추었다. 10세기경 유호喩皓라는 건축 기술자가 쓴 《목경木經》이라는 책에 의하면 이상적인 건물은 기단과 몸체와 지붕이 각각 3등분되어야 한다고 주장했다.[13] 이것은 어디까지나 이상적인 비례를 강조한 것이지만 이런 비례의 바탕에는 건물은 기본적으로 높은 기단 위에 큼직한 지붕을 갖춘 단층이어야 한다는 가치관이 작용했다고 볼 수 있다.

　이런 가치관과 함께 내부는 단층이지만 지붕은 2층으로 해서 격식을 높이려는 생각도 나타났다. 이런 경우는 주로 궁전이나 불교 사원의 불전 같은 건물에서 나타났다. 돈황 막고굴의 당唐대 및 오五대 그

절강성 금화 연복사延福寺 대웅보전의 지붕 부계副階라고 부르는 하층 지붕을 갖춘 모습

림 중에는 2층 지붕, 즉 중층重層의 지붕을 갖춘 사원 건물이 여럿 등
장한다. 그만큼 중층 지붕이 이 시기에 와서 보편화되고 있었음을 보
여준다.

중층 건물을 지을 경우 대체로 두 가지 방식이 쓰인다. 하나는 먼저
아래층을 만들고 나서 그 위에 상층을 올려놓는 방식이다. 마치 어린
이들이 가지고 노는 나무토막 쌓기 놀이처럼 먼저 아래층 부분을 만
들고 그 위에 또 한 층을 올려놓는 것이다. 또 하나 방식은 고주를 이
용해서 상하층을 관통하는 높은 기둥을 세워 2층 높이의 몸체를 꾸미

고 바깥쪽으로 평주 위에 아래층 지붕을 꾸미는 방식이다.

　대량식을 선호한 중국의 화북 지방 일대에서는 고주를 쓰지 않고 한 층 한 층 쌓아올리는 방식으로 지어진 중층 건물을 흔하게 볼 수 있다. 중국 북경시에서 천진으로 가는 도중에 독락사獨樂寺라는 절이 있다. 그 본전은 984년 요遼나라 때 지은 관음각이다. 이 건물은 중국의 건축 전문가들 사이에서 구조적인 안정성, 건물 각 세부들의 조화를 갖춘 비례, 외관의 균형 잡힌 아름다움이라는 관점에서 가장 뛰어

천진 소현 독락사獨樂寺 관음각 전문가들 사이에서 현존 중국 건축 중 외관 비례가 가장 뛰어나다고 평가받는다. 내부는 3층으로 공간이 구성되어 있다.

난 사례로 꼽히는 건물이다. 내부에 15.4미터에 달하는 관음입상을 모시고 있기 때문에 건물은 중층의 지붕을 갖추었으며 내부는 하층과 중간층, 상층의 3개 층으로 꾸며 각 층에 사람들이 오를 수 있도록 했다. 중간층이란 하층의 대들보와 상층 마룻바닥 사이의 빈 공간을 가리키는데 밖에서는 보이지 않는 층이다. 이렇게 내부를 3개 층으로 하면서 각 층에 따로따로 기둥을 세우는 방식을 택했다. 이런 적층식 방식은 중국에서는 후대에 이르기까지 명맥을 이어갔다.

독락사 관음각과 유사한 적층식의 중층 건물은 일본 나라에 있는 호류지 금당에서도 볼 수 있다. 7세기 전후에 지어진 이 건물은 아래층과 위층이 각기 별도의 뼈대를 이루고 있다. 다만, 이 건물의 경우 내부는 1층 천장 아래만 사용할 수 있고 상층은 사람이 오르거나 공간을 이용할 수 없고 단지 밖에서 볼 때 중층으로 보이도록 되어 있을 뿐이어서 구조적인 한계를 안고 있다.

집을 한 층 한 층 쌓아올리는 것이 아니고 1, 2층을 관통하는 고주를 세우는 방식은 실내 중심부에 2층 높이의 높고 개방된 공간을 얻을 수 있다. 이런 효과 때문에 고주 방식의 중층 건물은 일찍부터 나타났다고 짐작된다. 현존하는 동아시아의 목조건물은 일본열도를 제외하고는 12, 13세기 이전 건물이 아주 드물고 특히 장강 이남은 남은 것이 없어서 상황을 잘 알 수 없지만, 상하층을 관통하는 밝고 개방된 높고 큰 실내 공간을 갖춘 전각들은 일찍부터 장강 이남에 널리

나라 호류지 금당 외관은 2층이지만 내부는 1층만 쓰인다.

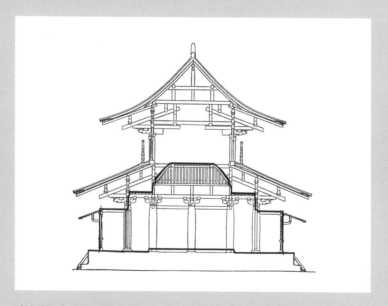

나라 호류지 금당 단면도(《일본건축사기초자료집성日本建築史基礎資料集成》 2권 불당1에서 재작성) 검은선 내부가 실내 공간이다

분포해 있었을 것으로 추측된다.

　한반도나 일본의 경우에도 13세기 이후의 사례들을 보면 기본적으로 고주를 이용해서 상하층을 하나의 공간으로 만들고 외부 지붕만 중층으로 하는 것들이 보인다. 우리나라의 경우를 보면, 조선시대의 궁궐 정전은 물론 불전 중에 지붕이 중층으로 된 건물은 모두 고주를 이용했다. 숭례문이나 광화문 같은 문루도 마찬가지이다.

　중층은 아니지만 밖에서 볼 때 중층처럼 보이도록 꾸미는 경우도 있다. 중국에서는 내부는 천장이 높은 단층으로 하되 몸체 바깥으로 부계副階라고 하는 덧붙인 지붕을 첨가해서 중층으로 보이도록 하는 사례가 많다. 장강 유역의 천주, 항주, 복주 일대의 선종 사원에 이런 불전이 많이 남아 있다. 북경 자금성의 정전인 태화전 역시 기본적으로는 이런 구조이다. 또한 이 지역 선종 사원의 영향을 받아 조성된 일본의 선종 사원 불전 역시 이와 동일한 중층 구조를 갖춘 사례가 교토 일대에 산재해 있다. 일본에서는 모코시裳階라고 한다. 치마를 두른 계단이란 글자 뜻이 된다. 부계나 모코시를 차양칸으로 번역하기도 하지만 지붕 아래가 실내의 일부로 되기 때문에 개념이 조금 다르다고 하겠다. 부계나 모코시를 두게 되면 몸체가 되는 부분은 기둥도 제대로 된 것을 쓰고 기둥 상부에는 공포가 짜이지만 부계나 모코시 부분은 기둥도 상대적으로 가늘어지고 또 기둥 위에는 공포가 생략되는 경우가 많다. 단, 우리나라에서는 이와 유사한 구조는 잘 보이지 않는다.[14]

목조를 기본으로 하고 단층 또는 중층 정도에 한정되기 했지만, 역대 위정자들은 백성들 위에 군림하는 통치자의 위상을 드러낼, 깜짝 놀랄 만한 거대한 건축을 만들려는 욕망을 떨치지 못했다. 종교 시설을 빙자해서 이런 욕망을 실현하려는 군주도 있었다. 이런 과정에서 동아시아에는 목조로 지은 거대한 건축물들이 지어졌다. 이런 거대 건축물의 실현은 건축 기술자들에게는 목조의 기술적 한계에 도전할 수 있는 기회가 되기도 했다.

현존하는 거대한 목조건물을 든다면 우선 북경 자금성의 태화전을 꼽을 수 있다. 명나라와 청나라 역대 황제들의 즉위식이나 생일 및 정월 초하루와 동지에 의식을 거행하던 이 건물은 3단의 높은 기단 위에 정면 11칸(64미터), 측면 5칸(37미터) 규모이다. 면적 2,000제곱미터가 넘는 이런 큰 건물을 지탱하기 위해서 정면에 12개의 기둥이 늘어서고 안쪽으로 6줄에 걸쳐 기둥이 빼곡하게 들어서고 그 위로 보가 두 겹, 세 겹 중첩해서 지붕을 떠받친다. 태화전 정도는 아니지만 중국의 불교 사원 중에도 장대한 규모를 자랑하는 전각들이 도처에 산재해 있다. 일본에도 면적이 큰 건물이 적지 않은데, 나라 도다이지東大寺 대불전이 정면 길이 57미터, 측면 50미터에 이른다. 인근 교토의 니시혼간지西本願寺 아미타당도 정면 42미터에 측면 45미터, 그 옆 어영당은 이보다 더 커서 정면 48미터, 측면 62미터이다. 교토의 이들 불전의 경우에는 정면보다 측면이 더 큰 것이 특징인데 이는 불상을 모신 내진과 신도들이 예불하는 외진이 한 지붕 안에 모여 있기 때문이다. 이런 거대한 건물도 기본적으로는 목조의 기둥과 보로 이루어졌음은 물론이다.

한편 옛 문헌 기록을 보면 이보다 훨씬 장대한 건물에 대한 기록도 적지 않게 찾아볼 수 있다. 기록에 따르면 당나라 때 측천무후가 세웠다는 명당 건물은 가로세로 300척에 높이는 294척이었다고 한다. 당나라 척도로 300척을 미터로 환산하면 88미터가 된다고 한다. 이 건물은 전체 3층으로 이루어져서 하층은 정방형, 2층은 12각형, 3층은 24각형이고 지붕은 원형이었다고 한다. 당나라 때 장안의 대명궁 역시 거대한 규모로 유명하며 근래 발굴 조사에 의하면 함원전은 정면 11칸에 길이는 58미터에 달했고 이런 거대한 건물이 지면에서 10미터나 되는 거대한 축대 위에 세워져 있었다고 한다. 나라의 도다이지 대불전은 751년 처음 창건될 때 건물 크기가 정면 11칸에 나라 시대 척도로 290척이 되어 85.8미터, 용마루까지 높이는 156척(46미터)였다고 전한다.

이런 기록은 물론 특별한 경우에 속하는 것이기는 하지만, 기둥과 보에 의존한 목조건물이라고 해서 반드시 규모에 크게 제약을 받는 것은 아니었음을 염두에 둘 필요가 있다.

높이에 대한 도전

중국에서는 일찍부터 고층 건물도 일상에 가깝게 존재하고 있었다. 한나라 화상석畫像石에는 귀족의 살림집에 곡식 등을 보관하는 3층 누각식 창고가 묘사되어 있다.

한나라 때는 무덤 안에 시신과 함께 주인공이 생전에 살던 집 모양을 흙으로 구운 장식물을 넣는 관습이 있었다. 이런 장식물 중에는 3층 또는 4, 5층 되는 누각형 건물이 들어 있다. 명기明器라고 부르는 이들 장식물은 가옥의 일부 또는 마을의 집단적인 방어용 시설의 일부로 추정된다. 어떤 것들은 제일 아래쪽에 사각형 또는 원형의 접시처럼 생긴 받침이 있는 것도 있다. 이런 명기는 '수각水閣'이라고 부르는데, 본시 궁전 같은 곳에서 물 위에 세운 누각을 상징하는 것으로 추정된다.[15]

　한나라 때 성행하던 가옥의 고층 누각은 후대에는 거의 사라지게 된다. 그러나 군사용으로 지었던 누각은 후대에 가서도 성문 위나 성벽 모서리 등에 남아서 다양한 형태로 전개되었다. 지금도 중국의 각 지방 도시에는 명대에 세운 누각 건축이 상당수 남아 있다. 성문 중에는 지붕을 3, 4층으로 꾸민 고층 누각을 세워 위용을 자랑하는 경우도 종종 있다. 또한 도시 내부에 간선도로가 교차하는 십자로에는 역시 고층 누각을 세우고 그 안에 종이나 북을 걸어 시각을 알리는 역할을 했다. 이런 도심부 누각은 4층 또는 5층 정도로 지어 멀리서도 바라다보이는 랜드마크 역할을 했다. 산서성의 고도 평요 시가지의 누각은 비록 높이는 18.5미터에 지나지 않지만 시내 중심부 교차로에 위치하여 도심 랜드마크 구실을 톡톡히 하며 강서성 남창의 승왕각은 높이가 57.5미터에 달하는 장관을 자랑한다. 이 밖에도 지방 도시 곳곳에 수많은 누각들이 도시의 볼거리를 제공하여 중국에서 다양한 형태의 고층 건물이 맥을 이어갔음을 잘 보여준다.

　일본의 경우에는 15세기 전국시대에 와서 갑작스럽게 성곽이 독특한 구조를 갖추기 시작하여 천수각이라는 고층 건물이 성곽 중심부를 장식하게 되었다. 천수각은 보통 3층에서 5층 정도로 지어졌지만 간혹 7층까지 올라가는 경우도 있었다. 현존하는 사례 중에는 히메지성의 천수각이 널리 알려져 있다. 17세기에 지어진 히메지성은 전체가 흰색으로 칠해져 있고 여러 개의 높이를 달리하는 지붕들이 중첩하면서 마치 백로가 날아가는 듯한 장관을 이루며 중심부 가장 높은 천수각은 7층 구조로 되어 있다.

우리나라는 손꼽을 만한 고층 구조물은 눈에 띄지 않지만 성문의 누각 중에는 장관을 이룬 예들이 적지 않다. 특히 평양 대동문이나 의주 남문 등 반도 북쪽의 의주에서 개성 사이 대도시 성문 중에 뛰어난 외관을 갖춘 누각들이 있다.

부처의 사리를 봉안한 인도의 스투파는 중국으로 전해지면서 중국 전래의 고층 구조물과 결합하여 동아시아 불탑의 독특한 건축으로 변신하였다. 본래 인도의 스투파는 커다란 반구형을 기본으로 하면서 그 상부에 우산을 여러 겹 쌓아 올린 것처럼 보이는 상륜을 올리는 형식이었지만 이것이 중국으로 넘어오면서 3층 또는 5층, 7층, 때로는 9층의 누각을 갖추고 그 위에 작은 반구형 시설과 상륜이 올라가는 모습으로 바뀐 것이다.

중국의 불탑은 벽돌이 일반적이지만 뛰어난 구조 방식을 갖춘 목조탑도 지었다. 519년 북위北魏의 수도 낙양에 세운 영녕사 탑은 중국의 목조 불탑을 대표하는 건물이었다고 전한다. 《낙양가람기洛陽伽藍記》의 기록에 의하면 그 높이는 전체 9층이며, 나무로 만들어졌는데 높이는 90장丈, 다른 기록에는 40여 장이라고도 하며 대략 136미터에 해당되었다고 한다. 최근 발굴 조사에서 확인된 바로는 저층부는 내부에 벽돌로 구조체를 만들고 바깥쪽으로 목조 기둥을 세우는 방식이었다고 한다.[16]

현존하는 중국의 대표적인 목조 불탑으로 산서성 응현의 불궁사 석가탑을 들 수 있다. 1056년 요나라 때 세워진 이 탑은 높이 67.3미터에 8각형 평면을 갖추었으며 밖에서 보는 층수는 5층이지만 내부에 4개 층의 암층을 갖추어 전체로는 9층 구조에 해당하는 독특한 모습이다. 기본적으로 각 층이 독립된 구조체를 이루면서 중첩되는 방식으로 짜여 있으며 각 층 내부는 중앙에 불상을 모신 공간이 있고 사람이 꼭대기 층까지 오를 수 있도록 짜여 있다.

645년 신라 선덕여왕 때 경주에 세운 황룡사 목탑은 9층의 탑신부까지 높이가 50미터가 넘었다고 알려져 있고 그 위에 올리는 상륜부까지 합친 높이는 70미터 정도였다고 한다. 발굴 조사에서는 영녕사 탑처럼 내부에 흙이나 벽돌 구조체가 있었다는 보고가 없는 것으로 미루어, 7세기에 이미 순수한 목조만으로 50미터가 넘는 9층짜리 구조물을 지어낼 기술이 갖추어진 것이다. 이 탑 사리함 표면에 쓰여진 글에 의하면 탑을 세우는 데 백제에서 아비라는 장인이 와서 지었다고 했다.[17] 백제는 이보다 앞선 639년에 미륵사를 건립했으며 이곳에는 중앙에 7층 목탑이 서고 좌우에 석탑을 세웠다. 따라서 미륵사를 지으면서 터득한 고층 목탑 건립 기술을 황룡사에서 한층 발전시켜

9층으로 지었다는 추측이 가능해진다.

　백제의 목탑 기술은 일본에 전해져서 초기 일본 불교 사원의 상징물로 자리 잡았다. 호류지 5층탑은 7세기 초에 세워진 것이며 현존하는 일본의 불탑 중에서 건립 시기가 가장 빠른 것이다. 일본의 후대 목탑에 비해 강한 체감률을 보이는 것이 특징이다. 체감률이란 각층 지붕이 위로 올라가면서 줄어드는 비율을 말하는데, 체감률이 강하다는 것은 위로 가면서 지붕 크기가 줄어드는 비율이 큰 것을 말한다. 호류지 5층탑의 체감률은 부여 정림사지 5층 석탑과 유사한다. 이후 일본에서는 목탑 건립이 성행하여 수많은 목조탑을 세웠는데, 지진이 많은 조건에서도 탑이 무너지지 않도록 구조적 안정을 꾀하는 다양한 기술적 고안이 뒤따랐다. 또한 체감률을 낮추어 각층의 지붕 크기에 큰 차이가 없는 독특한 외관을 만들어냈다.

　이런 고층 전각 역시 기둥과 보를 기본으로 해서 지어졌음은 물론이다. 특히 불탑의 경우에는 내부 중앙에 심주心柱라는 중심 기둥을 꼭대기 상륜부까지 세웠다. 이때 심주는 단일 목재로는 세울 수 없었기 때문에 몇 개의 목재를 연결해서 세웠다.

　불탑에서 흥미를 끄는 점은 과연 사람이 탑 위로 올라갔었는가 여부이다. 중국의 경우에는 현존하는 목탑인 불궁사 5층탑도 꼭대기 층까지 사람이 올라가 주변을 조망할 수 있도록 되어 있고 벽돌로 세운 탑도 사람이 올라가는 사례가 흔하다. 반면에 일본의 목탑은 사람이 올라가는 예가 하나도 없다. 탑은 단지 멀리서 바라다보는 상징적인 조형물에 지나지 않는다. 우리나라의 경우, 과연 탑에 사람이 올라갔었는지 아니면 일본처럼 상징적인 조형물로만 머물렀는지 지금으로써는 단정하기 어렵다. 우리나라 목조탑과 관련한 기록물에서는 사람이 올라갔다고 단정할 만한 내용은 확인이 안 되기 때문에 우리도 일본처럼 탑은 단지 상징적인 기능만 지녔던 것이 아닌가 추측되지만 아직 단정은 이르다.

조선시대
목구조 기술의
쇠퇴

동아시아 건축은 2,000년 이상 긴 시간을 목조를 기본으로 해서 전개돼나갔다. 이 긴 시간 동안에 동아시아 목조건축은 다양한 구조적 창안과 기술 고안을 통해 갖가지 사회적 건축 수요에 부응해서 경이적인 성과를 이루어냈다. 각각의 시대 변화에 따른 정치권력의 요구와 종교적 열정은 그 원동력이 되었으며 각 시대 기술자들은 최선을 다한 노력을 통해 그에 대한 해답을 마련해왔다.

이런 관점에서 보았을 때 조선시대는 사회적 건축 수요와 기술자의 대응 어느 편에서나 쇠퇴 측면을 드러낸 시기였다고 하지 않을 수 없다. 조선왕조의 왕권은 몇몇 국왕들의 노력에도 불구하고 신하들의 견제와 비판에 휘둘리어 실질적인 최고 권력자의 지위를 충분히 누리지 못했다. 역대 국왕들은 자신이 머무는 궁전을 더 화려하게 꾸미고 싶었지만 번번이 국왕 스스로 절약을 실천해야 한다는 신하들의 반대에 부딪혀 뜻을 관철하지 못했다. 사회 지배층이었던 사대부들 역시 절약을 강조하는 유교의 덕목을 실천에 옮겨야 하는 부담감 때문에 사치스런 집을 짓거나 화려한 치장을 한 건물을 기피했다.

고려시대까지만 해도 화려한 치장과 장대한 규모, 금빛 찬란한 장식 가득했던 불교 건축은 조선시대에 들어와서는 지배층의 외면 속에 퇴락을 거듭해나갔다. 겨우 서민들의 시주와 승려 스스로의 자구 노력에 의해 명맥을 유지하는 정도에 머물렀다. 이런 여건에서 독창적 창안 넘치는 눈부신 건축의 출현은 거의 기대할 수 없었다. 지어지는 건축은 최소한의 규모와 가급적 치장을 억제한 평범한 모습으로 이전의 형태를 답습하는 데 그쳤다.

명·청대 중국은 황제의 권력을 강화하고 황실 관련한 건축을 다른 어떤 유형보다 우월하고 장대한 것으로 꾸미기 위한 온갖 노력을 기울였다. 북경의 궁궐은 지상에서 가장 우월한 형태로 꾸며지고 황실의 무덤은 장대한 지하 궁전으로 치장되었다. 또한 황실 가족이 휴식을 취하는 정원은 이 세상의 가장 아름답고 화려한 낙원처럼 꾸미고자 하였다. 이를 위해서 황실 내에는 전문적으로 황실 건축을 설계하고 그 공사 비용을 체계적으로 산정하고 이를 후대에 전승시킬 수 있는 전문가 집단이 존재했다. 후에 양식뢰樣式雷라는 별명을 얻은 뇌雷씨 집안이 그 과업을 맡았으며 뇌씨 일족은 다양한 기법을 구사하고 이를 체계화하여 고도의 건축술을 전승시킬 수 있었다.

15세기 무렵부터 지방 각지가 분열되어 전란을 거듭하던 일본열도는 16세기 말에 와서 드디어 통일을 보았으며 전국을 통일한 통치자는 전권을 손아귀에 쥐고 자신의 열망을 담은 화려하기 짝이 없는 건축을 짓도록 했다. 전국 통일을 달성한 오다 노부나가는 거성 아즈치安土성에 7층의 누각을 갖추고 누각 안은 금빛 찬란한 치장으로 채웠으며 뒤를 이은 도요토미 히데요시가 지은 후시미伏見성 역시 화려한 치장과 현란한 조각으로 빛났다. 이들의 과장된 건축 욕망은 그리 오래가지는 않았지만 한번 정점에 도달한 건축 기술은 다른 곳으로 전파되어 일본열도의 건축 수준을 한 단계 높이는 계기가 되었다. 통치자의 곁에는 이러한 과장된 건축을 계획하고 시행에 옮기는 전문 장인 집단이 형성되었으며 이들 역시 대를 이어 후손들에게 자신들이 터득한 기술을 전승해나갔다.

이런 움직임에 비해 조선왕조는 유교로 정신 무장된 양반들에 의해 사회가 유지되었고 부와 권력을 독점하고 과장된 자기과시를 하려는 지배자도 없었다. 그 때문에 도시에는 랜드마크가 될 만한 돋보이는 건축이 없었고 특별한 상징물도 눈에 띠지 않았다. 불교 사원 역시 어려운 재정 여건 속에서 지나치게 화려한 치장을 한 건물을 지을 엄두를 내지 못했다. 이 시기에 지었던 많은 전각들이 전란과 화재 등으로 사라지고 없기 때문에 실상을 파악하기는 어렵지만 현재 남아 있는 사례로 미루어 보았을 때 충분히 추측 가능한 일이라고 생각된다.

현존 사례로 본다면, 화엄사 각황전이나 금산사 미륵전이 그나마 규모가 크고 지붕 구조가 복잡한 정도였으며 고층 건물로는 법주사 팔상전이나 쌍봉사 대웅전을 들 수 있다. 이들 건물의 구조는 특별히 새로운 면모를 보이지 않으며 지붕 구조 등도 과거의 방식을 답습하여 새로운 기술 창안은 엿보이지 않는다. 그나마 규모나 형식 면에서 돋보이는 건물은 도성 안의 궁궐이었다. 19세기에 지어진 창덕궁의 인정전이나 경복궁 근정전은 당당한 외관에 고주를 이용해서 중층 지붕을 올리고 상하층 지붕 사이로 충분한 채광을 들여서 밝고 개방된 내부 공간을 꾸몄으며, 경회루는 넓은 공간을 효과적으로 꾸민 누각이었다. 이들 전각이 갖는 건축적 완성도는 19세기 조선의 건축이 높은 수준에 도달해 있었음을 잘 보여준다. 다만, 이들 건물에 특별히 새로운 기술 창안이 있었다고는 말하기 어렵다.

새로운 기술 창안이 요구되지 않는 여건에서 기술자들의 사회적 지위는 하락할 수밖에 없었다. 세종 때까지 만해도 나라의 주요 건축을 책임 맡은 기술자는 정3품 관직에 오를 수 있었다. 1447년 숭례문을 수리할 때 공사를 주관한 대목大木은 정5품 무관 벼슬을 지니고 있었으며 성종 때 다시 수리할 때 대목의 지위는 정3품 무관이었다.[18] 그러나 기술자들에게 주어지는 관직 수여는 양반들의 강력한 저항에 부딪혔으며 나날이 커지는 신하들의 목소리는 급기야 건축 기술자들이 관직에 오를 기회를 박탈해 버렸다. 17세기 이후 건축 장인들은 소수만이 군영이나 관청에 소속되어 관리들이 정해놓은 작업 범위 안에서 기량을 발휘하는 데 그쳤다.

17세기 이후 건축 기술자들은 목수편수, 석수편수 같은 식으로 각 직종별로 편수(한자로는 片手 또는 邊首로 적음)를 우두머리로 하는 조직을 갖추었다. 때로는 창호편수, 온돌편수처럼 특정 부분만을 담당하는 편수도 있었다. 각 편수들은 자신들이 맡은 부분에 대한 책임과 권한을 지녔다. 이들을 총괄하는 도편수가 있었지만 조선 초기 대목이 갖던 총괄적인 지휘력에는 미치지 못했다. 궁궐이나 왕실 사당 같은 관청의 건축 공사가 있을 때 이들은 단위 공사별로 고용되었다가 일이 끝나면 해산되었다. 이런 여건에서는 기술자들이 자신들의 영업권이나 사회 지위를 향상시킬 수 있는 조직력을 키워나가기 어려웠다.

불교 사원의 경우에도 고려 말에서 조선 초기 사이 불교 사원의 신축이나 수리에 종사한 승려 장인들은 선사 또는 대선사와 같은 법계를 지니고 대목 일을 맡는 경우가 많았다.[19] 그러나 17세기를 지나면서 승장들이 특별한 법계를 지니는 사례는 거의 사라졌다. 승려 장인들은 자신이 속한 사원 외에도 인근의 다른 사찰 공사나 민간 공사장에도 진출했다. 18세기 호남의 승려 쾌성은 영광 불갑사 대웅전을 짓던 해에 경주 불국사 대웅전에도 참여하는 기동성을 발휘했으며, 강원도 회양에 거주하던 승려 굉흡은 1794년 수원 장안문 공사에 편수로 참여했다.[20] 승장들은 때로는 지방의 민간 공사장에도 진출하여 사대부의 살림집이나 유교 사당 또는 관청 건물을 지었다. 관청에 속한 장인이나 승려 장인들이 활동하던 시기에 순수한 민간인 장인들이 나설 입지는 많지 않았다. 이들 민간인 장인들이 비로소 자신들의 활동 무대를 확보하게 되는 것은 18세기 말이나 되어서야 가능했는데, 이들이 영업 조직을 갖추고 적극적으로 건축 활동을 펼쳐나가기에는 때가 너무 늦어버렸다.[21]

조선의 건축 장인들에게 17, 18세기는 결코 녹록한 시기는 아니었다. 그러나 이들은 전래되어온 건축 기술을 충실히 몸에 익히고 집을 짓는 과정에서는 최선의 노력을 기울였다. 그 결과, 비록 세상을 깜짝 놀라게 할 굉장한 건물을 만들어내지는 못했지만 선대의 기술자들이 이루어놓은 성과에 뒤지지 않는 품격과 격식을 갖춘 조선 후기 건축을 만들어냈다.

**소나무에
편중된
조선 후기 건축**

휘어진 가지와 짙푸른 잎을 갖추고 높은 바위 위에 서 있는 소나무는, 시련을 이겨 내는 인내심과 강인함을 보여주어 한민족의 기상을 상징한다. 또 솔잎이 풍기는 은은한 향기는 우리 일상 여러 곳에서 친근하게 이용된다. 우리 민족의 소나무에 대한 신뢰와 애정은 남다르다 할 만하다. 물론 집을 지을 때도 가장 으뜸으로 친 것이 소나무였다.

그런데 우리나라의 오래된 목조건물, 예를 들어 유명한 영주의 부석사 무량수전 같은 고려시대에 지어진 건물은 기둥을 모두 느티나무로 썼다. 조선 초기에 지어진 강진의 무위사 극락전도 마찬가지이며 해인사의 대장경판을 보관하고 있는 장경판전 건물의 기둥도 모두 느티나무다. 박상진 교수가 쓴 《역사가 새겨진 나무이야기》(김영사, 2004)에서는 느티나무를 평하여, 나뭇결이 곱고 황갈색 빛깔에 약간 윤이 나고 썩거나 벌레가 먹는 일이 적은데다 다듬기도 좋아서 가히 나무의 황제라 불릴 만하다고 했다.

시대를 더 거슬러 올라가서 삼국시대의 상황을 보면 이때는 귀족들이 집을 지을 때 느릅나무를 널리 이용했다는 기사를 《삼국사기》에서 볼 수 있다.[22] 고려시대에 들어오면서 한반도의 수종은 서서히 소나무 위주로 변모되었다고 알려져 있다. 소나무는 햇볕을 좋아하는 나무이며 숲이 우거진 곳에서는 크게 번성하지 못한다. 그런데 사람들의 거주지가 확산되면서 숲에 불을 질러 농경지를 넓히고 집짓고 난방을 하기 위해 나무를 베어내면서, 소나무가 좋아하는 환경이 늘어나게 되었다. 결국 느티나무나 느릅나무 같은 수종들은 사람의 접근이 어려운 깊은 산속에나 살아남고 대신 소나무가 그 자리를 대신한 것이다.

조선 초기에 이미 다른 수종은 거의 고갈되어 활용할 수 있는 대상에서 벗어났고 궁궐을 짓거나 배를 만드는 데 쓰이는 나무는 거의 소나무 일색이 되어 있었다. 그 소나무 역시 특별한 보호가 없으면 머지않아 모두 사라질 지경에 이르렀다. 나라에서는 소나무에 대한 적극적인 보호정책을 폈다. 그에 따라 전국 200여 곳에 봉산封山이라는 소나무 특별 보호 구역을 만들고 벌목을 금지했다. 대표적인 봉산으로 충청도 안면도, 황해도 장산곶이 있는데 이런 곳의 나무는 벌채해서 배로 서울로 운반하기 쉬운 이점을 지닌 곳이었다.

밖에 나무를 내놓고 일정 기간이 지난 후 얼마나 썩는지를 조사한 결과에 의하면, 느티나무가 소나무보다 세 배나 더 오래 버텼다는 보고가 있다.[23] 조선시대에도 비바람이 많이 들이치는 곳에는 가급적 느티나무를 구해 쓰려고 애썼다. 1794년(정조 18) 수원 화성을 건설할 때 성문의 누각을 짓는 데 필요한 느티나무는 전라도에서 베어오도록 했다. 명을 받은 전라도의 한 현감은 깊은 산중까지 주민들을 동원해서 무리하게 나무를 베어내다가 원성을 들었다. 중앙에서 실정을 살피러 현장에 간 관리는 나무들을 여기저기 함부로 베어내고 또 이를 선착장까지 끌어오는 데 백성들을 과다하게 부린 사실을 확인했다. 보고를 들은 정조는 현감을 바로 좌천시켜버렸다.[24]

19세기쯤 오면 느티나무는 물론 소나무도 큰 것을 구하는 것이 쉽지 않았다. 1803년에 창덕궁 인정전이 불에 탔다. 인정전은 임금이 어좌에 앉아 각종 의례를 거행하는 가장 격식 높은 건물이었으며 규모도 컸다. 이 건물에 들어갈 대들보는 길이 서른여섯 자(대략 10.8미터)에 두께 두 자 다섯 치(75센티미터), 폭 두 자 한 치(63센티미터)였다. 처음에는 전라도에서 필요한 재목을 구하도록 하고 여분을 두어 길이 마흔두 자에 끄트머리 지름, 즉 말원경末圓徑이 석 자되는 나무를 베어오도록 했다. 그러나 전라도에서는 도저히 합당한 나무를 찾지 못해 다시 강원도에서 나무를 구하도록 했다. 결국 태백산 깊은 골짜기에서 길이 서른여섯 자에 말원경 석 자짜리 목재 세 주柱를 구해서 집을 지었다.[25] 지금 창덕궁 내에 있는 인정전은 이때 지은 건물이다.

이 시기 중국은 이미 화북은 대형 목재 확보가 불가능한 상태였고 장강 안쪽에서 겨우 큰 재목을 구해 운하를 통해 수도로 운반하는 상황이었다. 문제를 타결하기 위해 다양한 기술 고안이 뒤따랐는데 그중 하나가 목재를 합성해서 굵고 긴 재목을 얻는 방법이었다. 자금성의 많은 전각들이 이런 방식으로 확보한 재목으로 지어졌다. 이때 합성한 흔적을 보이지 않게 하기 위해 목재 표면을 천으로 두껍게 감싸고 겉에 석회와 유약을 발라 색깔을 입혔다. 일본은 비교적 목재 수급이 양호한 편이었지만 편백나무(히노키)나 삼나무, 느티나무 등 특정 재목에 편중해서 집을 지었기 때문에 특별히 굵은 기둥감을 구하기 어려울 때는 역시 재목을 합성하는 방안을 택했다. 17세기 말에 다시 지은 도다이지 대불전 기둥은 목재를 합성하고 철띠로 감싸는 방식으로 필요한 굵기를 해결했다. 조선에서는 기둥재에서 이런 시도가 나타나지는 않았다. 대신 대들보나 평방 같은 곳에 재목 둘을 붙여서 쓰는 정도의 소극적인 대응을 했다. 특히 힘을 비교적 적게 받는 평방은 가는 재목 둘을 나란히 붙여서 사용하는 경우가 흔했다.

소나무 한 종류에 과도하게 의존하고 합성재 개발에도 적극적이지 않았던 탓에 조선 후기 건물은 재료 수급 측면에서 제약이 많았다. 그 결과 곧바로 자라지 않아 건축용재로 쓰기에 적합하지 않은 나무를 억지로 이용해서 건물을 짓는 일도 잦았다. 자재 수급이 원활하지 않았던 영세한 불교 사원이나 민간에서 사정이 특히 나빴다. 지금도 산간의 불교 사원에 가면 뒤틀린 나무를 그대로 살려 기둥을 세우거나 대들보를 올린 사례를 흔히 볼 수 있으며 서까래는 반듯한 것이 거의 없을 정도인 집도 많다. 그나마 궁궐은 비교적 반듯한 목재들을 구해서 건물을 지은 편이지만 목재 수급이 여의치 않아 어려움을 겪기는 마찬가지였다. 부득이한 경우에는 소나무 외에 다른 수종을 구하는 쪽으로 눈길을 돌렸지만 결과는 그다지 성공적이지 않았다. 1868년에 지은 경복궁 근정전의 고주는 건축용재로는 잘 쓰지 않던 전나무를 사용했다. 결국 이 전나무에 문제가 발생하여 지은 지 130여 년 후에 근정전은 전면 수리를 하지 않으면 안 되었다.[26]

동아시아의 특이한 건물들

기단과 몸채와 지붕을 기본으로 하는 동아시아 목조건물은 구조가 특이하거나 사람들의 이목을 끌 기이한 형태로 집을 짓는 사례는 거의 없다. 그러나 역사적으로는 특이한 형태나 구조를 갖춘 건물이 전혀 없는 것은 아니다. 대부분 현존하지 않고 문헌에만 나와 있는 것이지만 그런 사례를 들어본다.

수양제의 명으로 우문개가 설계한 관풍행전

3차에 걸친 고구려 원정을 강행하다가 결국 나라의 멸망을 초래한 장본인인 수隋의 양제는 만리장성을 다시 쌓고 북경과 항주를 잇는 대운하를 건설하면서 과도하게 백성들을 혹사시킨 군주로 악명을 떨쳤는데 이런 일 외에도 특이한 구조의 건물을 짓도록 한 점에서도 역사에 이름을 날리고 있다. 우문개宇文愷는 양제 밑에서 건축 기술 관료인 장작대장을 맡은 인물인데, 양제의 명을 받아 여러 가지 색다른 건물을 짓는 일을 했다. 관풍행전觀風行殿은 그 대표적인 건물이다. 이 건물은 높은 누각이며 위에는 수백 명이 올라설 수 있는 크기이고 위와 아래가 따로 움직일 수 있도록 톱니바퀴로 구조물을 돌릴 수 있도록 했다고 한다. 또한 상부에는 정면 세 칸의 목조건물이 있어서 여기서 사방의 경치를 즐길 수 있었다고 한다. 《수서隋書》 열전列傳의 우문개 조에 있는 이 기사를 고찰한 일본의 중국 건축사가 다나카 단田中淡은 이를 가리켜 일종의 '스카이라운지'였다고 평했다 (다나카 단, 〈수조 건축가의 설계와 고증〉, 1983). 양제는 관풍행전뿐 아니고 대장大帳이라는 거대한 천막 건물도 짓도록 했는데 북방을 정벌한 기념으로 3,500명을 대장에 수용하여 연회를 열었으며 참석한 호족들이 놀라움을 금치 못했다고 전한다.

개경의 대루·십자각과 한양 흥천사 사리각

고려 무인정권 때 벼슬을 지낸 이규보는 당대의 권력자 최우의 집에 있는 십자각과 대루에 대한 기문을 적었는데, 집 서쪽에 세운 십자각은 외관이 사방으로 돌출해 있어서 그런 이름을 얻었고 내부는 벽면에 모두 거울을 달아서 안팎을 환하게 비췄으며 실내 모든 기물이 환히 비쳐 보였다고 적었다. 또 거실 남쪽에 지은 대루라는 누각은 위에 손님 1,000명이 앉을 수 있고 아래는 수레 100대를 나란히 놓을 만하며 높이는 공중에 우뚝 솟아 새들의 날아다니는 길을 가로질러 끊었고 크기는 해와 달을 덮어 보이지 않게 했다고 적었다 《동국이상국집東國李相國集》 기

記 〈우대루기又大樓記〉와 〈최승제십자각기崔承制十字閣記〉).

조선시대 한양 성내에 있었던 흥천사 사리각도 구조가 독특
하여 한양을 방문한 중국 사신들이 반드시 구경했다고 전한다.
흥천사는 태조 계비를 위해 지은 절이며 세종 때 사리각을 수
리하려고 지은 권채의 글에 "위에는 부도를 세우고 인하여 8각
4면의 전당을 지었는데, 까마득하게 높아서 동국東國 고래에 일
찍이 없었다"고 했다. 그러나 사리각 건물은 1510년 불교를 혐
오하던 유생들의 방화로 잿더미로 화하고 말았다.

이즈모타이샤와 아이즈사자에도

일본에도 적지 않은 특이한 건물들이 있었는데 문헌에 전하
는 고층 전각으로 이즈모타이샤出雲大社가 있고, 내부에 2중의
나선형 계단을 둔 불당이 있다. 후자는 현존한다. 시마네현 이
즈모시에 있는 이즈모타이샤는 7세기 이전에 건립된 신사로 현
재 신사 본전의 건물 높이는 24미터지만 옛 문헌에는 건물 높
이가 48미터에 달했다고 전한다. 어떤 노랫말에는 96미터였다
는 전승도 있지만 신빙성은 없다. 2000년 경내 발굴에서 직경
1.4미터의 목재 3개를 합쳐서 짠 거대한 기둥 하단부가 출토되
어 화제가 되었다. 후쿠시마현 아이즈와가마츠에 있는 아이즈
사자에도會津榮螺堂는 내부에 33체의 관음상을 모시고 있는데,

오른쪽으로 세 번 회전하면서 나선식 경사로를 오르며 불상을 참배하고 내려올 때는 왼쪽으로 반대쪽 경사로를 따라 가도록 된 2중 나선식 구조이다. 1792년에 건립된 이 건물은 일부러 서른세 곳의 관음상을 일일이 찾아다니지 않고 한 건물 안에서 33관음을 알현한다는 이점이 있어서 당시에도 큰 인기를 끈 건물이라고 한다. 정식 건물명은 구舊 세이소지正宗寺 엔츠산조도 圓通三匝堂이다. 이런 방식의 나선식 계단을 갖춘 불당은 이 건물 외에도 6동이 더 있다.

2

부드러운 곡선의 미학,

지붕

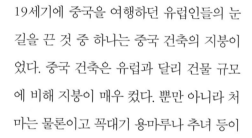

3차원 곡선의 지붕은 어디서 왔을까?

19세기에 중국을 여행하던 유럽인들의 눈 길을 끈 것 중 하나는 중국 건축의 지붕이 었다. 중국 건축은 유럽과 달리 건물 규모 에 비해 지붕이 매우 컸다. 뿐만 아니라 처 마는 물론이고 꼭대기 용마루나 추녀 등이 하나같이 곡선을 이루었고 심지어 지붕면까지 곡면을 이루었다.

왜 중국인들은 지붕을 휘어진 곡선으로 만들었을까? 이런 질문이 유럽인들 사이에 종종 제기되었으며 다양한 답변이 등장했다. 가장 흔한 답은 몽고 같은 초원에 거주하는 유목민들의 텐트에서 힌트를 얻은 것이라는 설이었지만 여행자들의 아마추어적인 견해에 지나지 않는다는 비판을 받았다. 그렇다고 전문가가 적절한 대답을 주는 것도 아니다. 여전히 곡선 지붕의 기원에 대해서는 시원한 답이 나오지 않은 채다.

《중국의 과학과 문명Science and Civilization in China》이라는 방대한 저서를 남긴 영국의 중국 과학 전문가 조셉 니덤Joseph Needham은 과학자다운 답을 제시했다. 중국 건축은 《영조법식》 같은 책에서도 강조하듯이 지붕을 만들 때 하나의 긴 서까래만 쓰는 것이 아니고 몇 개의 서까래를 연결하게 되는데 각 서까래들은 중첩되는 대들보의 양 끝을 지지점으로 해서 몇 차례 꺾이게 된다. 이를 거절擧折이라고 부르고 거절은 중국에서 지붕을 만드는 중요한 요소인데, 이 거절이 지붕을 일직선이 아니라 곡선에 가까운 굽은 것으로 만든다는 설명이다.[27] 물론 이 설명도 모든 사람의 공감을 얻은 것은 아니다.

과연 중국을 비롯해서 우리나라나 일본의 목조건물은 지붕이 건물 면적에 비해 과다하게 크고 하나같이 곡선을 이루고 있다. 그 곡선도 단순하게 처마만 곡선을 이룬 것이 아니다. 건립 시기가 좀 오랜 건물의 경우에 지붕의 곡선은 처마는 물론 용마루, 내림마루 등 지붕의 윤곽을 이루는 모든 선들이 곡선으로 되어 있고 심지어는 넓은 지붕면 자체가 완만한 곡면을 그린다. 잘 눈에 띄지 않지만 처마의 곡선은 양 끝이 위로만 치켜 올라간 것이 아니고 앞뒤로도 곡선을 그리게 되는데, 가운데 부분이 안쪽으로 휘어지고 양 끝은 바깥쪽으로 휘어진다.

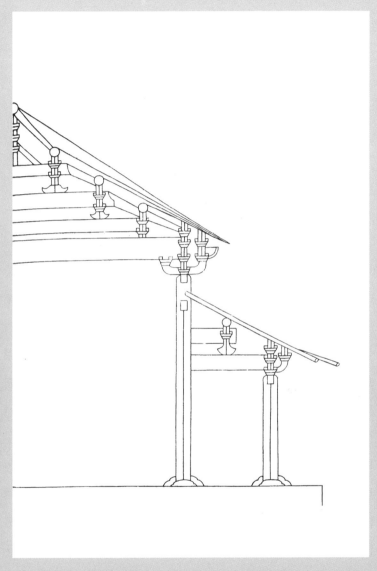

《영조법식》 권30 **거절옥사 분수** 지붕 기울기를 달리하는 거절擧折이라는 방식에 의해 중국
건축의 지붕은 곡면을 만들어냈다.

처마가 양 끝에서 위로 올라간 것을 앙곡이라고 하고 바깥쪽으로 휘어진 것을 안허리곡이라고 부른다. 앙곡과 안허리곡 탓에 지붕은 그야말로 3차원의 곡선을 만든다.

지붕만이 아니고 건물의 평면 형태까지 지붕선을 따라서 곡선을 이루는 경우도 적지 않았다. 서울 문묘 대성전 건물은 조선 초기에 지어졌다가 임진왜란으로 불에 탄 것을 전쟁 직후에 다시 지었다고 한다. 이 건물의 평면에 흥미로운 점이 발견하게 되는데, 사방에 서 있는 기둥들이 가로세로 방향으로 일직선을 이루는 것이 아니고 약간 가운데 쪽으로 들어가 있다. 그 상황을 평면적으로 그리면 직사각형이 아니고 각 면이 안쪽으로 약간 휘어 들어간 모습이어서 마치 실을 감는 실패 같은 형상이 된다. 이런 모습은 문묘 대성전뿐 아니라 건립 연대가 오랜 우리나라 건물은 물론 일본의 고대 건축에서도 종종 확인된다. 나라 도다이지의 법화당 건물은 9세기경에 지어진 것으로 전하는데 여기서도 평면은 문묘 대성전과 마찬가지로 직사각형 평면이 아니고 가운데가 안쪽으로 살짝 휘어진 상태를 보인다.

기둥을 일직선상에 나란히 세우지 않고 가운데 쪽을 안쪽으로 살짝 휘어지게 하는 것은 철근 콘크리트로 집을 짓는 현대건축에서는 상식적으로 도저히 생각하기 어려운 것이지만, 과거의 목조건축 세계에서는 오히려 자연스러운 것이었다. 그 원인은 안쪽으로 휘어진 지붕 처마의 곡선과 건물의 벽면이 서로 자연스러운 조화를 유지할 수

서울 문묘 대성전 3차원 곡선을 지닌 지붕에 맞춰 벽면도 미세하게 안으로 휘어졌다.

있도록 한 데 있다. 그만큼 과거의 건물에서 지붕의 곡선은 평면 자체를 변화시킬 정도로 큰 비중을 차지했다.

중국을 비롯한 동아시아 목조건축에서 지붕은 특별한 존재였다. 사람들은 유난히 지붕에 미학적인 가치를 부여하고 장중한 지붕을 꾸미는 데 심혈을 기울였다. 유럽의 건물이 벽체의 파사드, 즉 외관에 디자인의 초점을 맞춘 것과 대조된다. 그러다 보니 지붕의 형태에도 여러 가지 고안이 따랐다. 긴 추녀가 사방에서 길게 내려오는 장대한 맛을 풍기는 우진각지붕에서 가장 단순하게 양측면 경사만 가진 맞배지붕, 그리고 두 지붕의 특징을 합친 듯이 보이는 팔작지붕 등 다양하

시마네현 이즈모시 이즈모타이샤 지붕 모습 일본의 신사 건물은 비교적 직면에 가깝다.

다. 물론 이런 지붕 형식은 유럽에도 있고 동남아시아나 인도 대륙에도 존재하지만 유독 동아시아 사람들에게 그 의미가 남달랐다.

　한반도 건축이 중국식의 거대하면서 3차원의 곡선으로 꾸며진 지붕을 받아들인 것은 늦어도 고구려가 북위와 교류를 갖던 시기 이전으로 거슬러 올라간다고 생각된다. 고구려 고분벽화에 묘사된 건물들은 뚜렷하게 곡선 형상을 보여준다. 약수리 고분은 대표적인 사례이며 요동성총 역시 강한 반곡선을 그린 지붕 형상이 잘 묘사되어 있다. 이런 지붕 곡선은 백제 때 만든 석탑에서도 흔적을 볼 수 있어서 부여 정림사지 5층 석탑의 지붕 끝은 살짝 위로 치켜 올라간 모습을 보인다.

일본열도의 경우는 전통적으로 직선이 강조된 목조건물을 지었던 것으로 보인다. 그런 성향은 신사 건물에서 확인할 수 있다. 일본의 신사는 비록 대부분이 후대에 다시 지어지기는 했지만 6, 7세기 이전의 건축 형식을 그대로 계승해온 것으로 인정되는 건물도 상당수 남아 있다. 이런 건물의 지붕은 하나같이 곡선이 전혀 없이 반듯한 직선의 처마선이나 용마루선을 유지했다. 그러나 불교 전래와 함께 한반도에서 건축 기술자들이 전해준 새로운 건축은 곡선상의 지붕이었다. 아마도 기존의 직선 지붕과 새로운 곡선 지붕 사이에는 적지 않은 문화적 충돌과 혼란이 있었던 것으로 추측되지만, 결국 궁전이나 불교 사원에서 곡선 지붕이 채택되어 이후 일본열도의 건물 지붕도 곡선의 대열에 합류하게 되었다.

한중일의
기와

동아시아 건축의 지붕에서 빼놓을 수 없는 요소가 기와다. 흙을 빚어 납작하고 얇은 판재를 만들어 불에 구워내는 기와는 동서양을 막론하고 널리 쓰였다. 특히 지중해 연안 지역은 붉은 빛깔이 강한 기와가 널리 쓰였는데, 지중해 푸른 바다와 건물의 흰색 벽과 붉은색 기와를 덮은 지붕들이 빚어내는 강렬한 색채가 인상적이다.

동아시아 기와는 회색에 가까운 약간 검은 빛깔이다. 기와를 구울 때 마지막 단계에서 가마에 산소 공급을 차단해서 이런 색깔을 얻는다. 서양의 기와와 다른 점은 암키와, 수키와를 구분해 사용하는 점이다. 지붕 바닥 면에 까는 완만한 곡면을 가진 넓적한 것이 암키와이고 암키와 사이사이에 올리는 반원형 기와가 수키와다. 중국인들이 일찍부터 가졌던, 우주만물이 음과 양의 조화에 의해 이루어진다는 생각이 지붕을 덮는 기와에도 반영된 셈이다.

주목되는 부분은 처마 끝에 와서 덮는 마지막 기와에 대한 특별한 배려이다. 빗물이 지붕면을 타고 흘러내리다가 처마 끝에 와서 아래로 떨어지게 되는데 이 부분의 마무리를 위해 내림새 또는 막새라고 하는 마무리 기와를 고안했다. 그리고 마무리되는 부분에 무늬를 넣었는데 이 무늬야말로 동아시아 기와의 가장 독창적이고도 인상적인 점이다. 막새는 한자어로 와당瓦當이라고 적으며 중국과 우리나라, 일본이 공통적으로 사용하는 막새의 국제어였다.

기와는 이미 기원전 800년 전인 서주西周 시대 궁실에서 쓰였다고 한다. 초기에는 반원형의 와당에 동물의 형상을 새겼으며 곧 원형으로 정착되었다. 한나라 때 오면 와당은 다양한 문양으로 장식되는데 길상吉祥 문자에서부터 각종 동물 형상이나 대칭적 도형이 새겨졌다. 서한西漢 시대 제사 지내던 건물 터에서 나온 기와 중에는 네 방위를 수호하는 신령한 동물로 전하는 용, 호랑이, 주작朱雀, 현무玄武가 새겨진 와당도 출토되었다. 또한 문헌 기록에는 한나라 궁전에는 옥이나 금으로 치장한 와당도 등장한다고 알려져 있다. 와당 문양은 수막새가 훨씬 다양하다. 암막새는 폭이 좁고 긴 둥근 형태이므로 그에 맞추어 식물 줄기 문양이 자주 쓰인다. 불교가 도입된 이후에는 연꽃이 막새 문양의 주요한 주제로 등장했다.[28]

기와와 함께 특정 동물의 형상을 조각물로 만들어 지붕에 올리는 일도 나타났다. 지붕 제일 높은 꼭대기 수평선을 이루는 부분을 용마루라 부르는데 이곳은 건물의 가장 높은 곳이므로 무언가 상징적인 치장을 하기에 알맞다. 벌써 한나라 때 무덤에서 나온 집 모양 토기인 명기名器에는 용마루 중앙에 봉황이나 주작을 새긴 사례가 발견되었으며 한나라 건장궁에는 구리로 주조하고 금으로 치장한 다섯 자 높이의 봉황이 장식되어 있었다는 기록도 보인다.[29]

용마루 양 끝도 장식을 하기에 빼놓을 수 없는 곳이다. 후한後漢 때 이미 용마루 양 끝에 독특한 곡선의 장식물이 나타나며 뒤에 '치미鴟尾'라는 이름이 붙었다. 치라는 동물은 바다 속에 사는데 비를 다스릴 수 있는 능력이 있었다고 전한다. 이 치의 꼬리 부분을 형상화해서 지

붕 용마루 양 끝을 장식한 것인데, 비를 다스리는 능력을 가지고 건물에 화재가 났을 때 이를 진압해주기를 바라는 뜻을 담은 셈이다. 당나라 말에 오면 명칭이

한나라 때의 기와 산서성박물관 소장. 암키와, 수키와에 동물 형상을 새긴 막새를 갖추었다.

'치문鴟吻'으로 바뀌는데 입술을 뜻하는 문吻을 쓰면서 형상도 꼬리가 아니고 용마루를 입에 문 입 모양이 된다.

한반도에서 출토되는 이른 시기 기와는 고구려 때의 것이다. 와당은 중국의 영향을 받아 간단하고 힘찬 문양이 등장하다가 곧 불교식의 연꽃잎 장식으로 바뀌게 된다. 백제 역시 단순하면서 힘찬 문양의 연꽃 와당이 성행했고 그것은 신라로 전해졌다. 7, 8세기 이후로는 와당의 연꽃 문양은 잎이 둘로 갈라지고 주변에 돌기 장식이 생기는 등 힘찬 이미지 대신 섬세한 치장으로 바뀌게 된다. 비슷한 경향은 일본의 와당에서도 나타난다. 따라서 와당은 기와가 제작된 시기를 예민하게 반영하는 중요한 자료가 된다. 건물이 언제 지어졌는지 불분명할 때 와당은 건립 시기를 판별하는 중요한 근거를 제공해주며, 사라지고 없는 건물 터를 발굴 조사할 때도 와당은 건물의 조성 연대를 추정할 수 있는 결정적인 자료가 된다.

지붕에 각종 장식물을 올리는 것도 한반도와 일본열도 초기 건물에 나타난다. 다만, 중국처럼 주작 같은 상상의 동물 조각을 올려놓는 일은 잘 보이지 않고 용마루 양 끝에 치미를 세우는 정도이다. 경주 황룡사 터에서 출토된 치미는 높이가 1.2미터에 달하는 초대형이었다. 치미는 일본의 절터에서도 이따금 출토되어 치미를 지붕에 올리는 문화가 동아시아에서 널리 공유되었음을 잘 보여준다. 그러나 당나라 말에 등장하는 치문은 한반도나 일본열도에서는 알려진 것이 없다. 이것은 당말唐末 이후 상호 문화 교류가 단절된 현상일 수도 있고 치문에 대한 거부감의 결과로도 볼 수 있을 것이다.

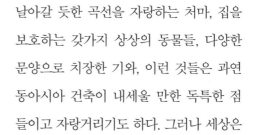

무거운 짐을 진
지붕

날아갈 듯한 곡선을 자랑하는 처마, 집을 보호하는 갖가지 상상의 동물들, 다양한 문양으로 치장한 기와, 이런 것들은 과연 동아시아 건축이 내세울 만한 독특한 점들이고 자랑거리기도 하다. 그러나 세상은 자랑거리가 있으면 그만한 대가도 치르기를 요구한다. 동아시아 지붕은 이런 멋진 요소들을 유지하기 위해 힘겹고 무거운 짐을 지붕에 얹지 않으면 안 되었다.

지붕에 기와를 잇기 위해서는 우선 경사진 서까래 위에 널빤지를 깔거나 나뭇가지를 얼기설기 엮어 깔고, 그 위에 못 쓰는 나무토막 등을 얹어놓은 후 다시 많은 양의 흙을 올려서 적당한 곡면을 만든 다음 그 위에다 기와를 얹는다. 서까래는 지붕 꼭대기에서 처마 끝까지 하나만으로는 잇기가 어렵기 때문에 기울기를 달리해서 두 개나 세 개를 연결하게 마련인데, 기울기에 따라서는 가운데 부분이 깊어지기 때문에 이런 곳에는 나무토막 등을 더 많이 채우지 않으면 안 된다. 이것을 적심목이라고 부르는데 보통 지붕을 새로 고치게 되면 헌 집의 폐자재가 적심으로 쓰인다. 집을 수리하다가 적심목 중에서 역사적으로 희귀한 옛 부재를 얻는 일이 종종 있다. 그 위에 채우는 흙을 보토라 부르는데 좀 규모가 있는 건물이라면 보토를 위한 흙의 양이 2.5톤 트럭 서너 대는 쉽게 넘어간다.

이렇게 많은 양의 흙을 지붕에 얹어놓는 일차적인 목적은 완만하고도 부드러운 지붕면의 곡면을 만드는 데 있다. 더 중요한 기능은 아마도 실내 보온과 단열인 듯하다. 보토 두께는 보통 얇은 것은 30~40센티미터이고 궁궐 정전쯤 되면 1미터를 훌쩍 넘는다. 이런 두꺼운 토층이 있으니 겨울철 보온과 여름의 단열은 충분히 보장된다.

동아시아 목조건축의 출발지는 중원 황하 중류의 낙양이나 서안 언저리이다. 이곳은 고운 황토 흙이 지천으로 깔려 있는데다 여름과 겨울의 기온차가 심한 곳이다. 지붕에 두텁게 흙을 덮으려는 생각은 이런 자연환경에서 비롯되었을 가능성이 높다. 여기에 진흙으로 빚어 불에 구운 기와까지 얹어놓았으니 단열이나 보온 효과는 높일 수 있지만 그 무게 또한 만만치 않은 것이었다. 이 지역의 초기 건물은 벽을 흙으로 두텁게 쌓고 그 안에 나무 기둥을 군데군데 박아 보완하는 방식이었는데 이런 견고한 벽체 위에 기와 얹은 지붕을 올린 것이다.

집 짓는 기술이 점차 발전해서 벽체의 흙은 서서히 털어내고 벽은 기둥만으로 지붕 무게를 견디도록 하는 쪽으로 변화해갔다. 특히 이런 방식은 기온이 따스한 중국 남방 지역이 적극 채택해서, 남쪽 지역은 가급적 기둥을 많이 세워 무게를 지탱하고 벽은 전체를 창으로 개방하는 방향으로 탈바꿈해갔다. 남방의 울창한 산림이 이를 촉진시켰음은 물론이다. 동시에 지붕 위 두터운 흙도 털어내기 시작했을 것으로 짐작된다.

고구려 사람들은 3, 4세기 이전부터 중국 북부 지역 건축술을 받아들여 본격적인 목조건축을 만들어갔으며, 그것은 이후 한반도 전역으로 확산되었다고 추측된다. 백제는 중국 남조의 양나라와 문화 교류를 적극 펼쳤으며 남방의 건축술도 부분적으로 유입되었을 것이다. 그러나 기본적으로는 중국 북방 지역의 두터운 흙을 덮은 지붕 방식이 정착되었던 것으로 보이는데 여름과 겨울의 심한 기온차가 그 바탕에 있었던 셈이다. 이런 삼국의 건축술은 한반도 장인들에 의해 일본에도 전해졌다. 일본에서도 6, 7세기 한반도의 기술자로부터 새로운 건축 기술을 받아들이는 단계에서는 두텁게 흙을 덮은 지붕을 올렸던 것으로 알려져 있다.[30]

송·원 이후
중국 건축의
지붕 변화

발생 초기 중원 지역의 지붕은 서까래 위
에 두터운 흙을 덮고 그 위에 암키와, 수키
와를 얹는 방식이었다. 이런 구조는 중원
의 건조하고 한랭한 기후 조건에 적합한
것이었다고 짐작된다. 그러나 같은 중국이
지만 장강 이남 지방에서는 굳이 이런 구조를 택할 필요가 없었을 것
이며 점차 지역 여건에 맞는 다른 방식을 모색했다고 생각된다. 그 중
간 과정은 살펴보기 어렵지만 현재 남아 있는 건물들을 보면 시대에
따라 또 지역에 따른 다양한 방식의 지붕 모습을 볼 수 있다. 장강 주
변에서부터 남쪽으로 광동성 일대의 불교 사원 지붕은 흙은 전혀 사

용하지 않을 뿐 아니라, 기와도 얇고 평편한 작은 것을 여러 겹 서까래 위에 직접 올려놓는다. 틈새도 많아서 어떤 곳은 집 안에서 하늘이 보일 정도인데, 그것이 오히려 실내 통풍에 도움을 주는 듯이 보이기도 한다. 실내 보온이나 단열보다는 통풍이 더 중요한 남방 지역의 특징을 보여주는 셈이다. 더 아래로 내려가면 베트남 북부의 불교 사원에서도 유사한 구조를 볼 수 있다.

반면 중국의 화북 지역 지붕은 전통적인 방식을 유지하는 듯이 보인다. 기와도 재래식의 암키와, 수키와를 대부분 사용하고 서까래 위에는 널빤지나 나뭇가지를 깔고 그 위에 흙을 덮는다. 다만, 현재 남아 있는 건물의 경우 흙을 두텁게 까는 사례는 농촌 지역의 소규모 건물에서는 볼 수 있지만 대도시의 불전이나 사당에서는 잘 확인이 되지 않는다.[31] 대신 널빤지 위에 석회를 얇게 깔고 석회층 위에 직접 기와를 얹는 방식이 자주 보인다. 이렇게 흙 대신에 석회를 얇게 까는 것이 과연 언제부터 나타난 것인지는 확인이 잘 안 되지만 1100년경 편찬된《영조법식》에 이미 그 구체적인 내용이 명시되어 있다.《영조법식》에 의하면 지붕에는 전적으로 회만 까는 방식, 회 아래 얇게 흙을 까는 방식, 흙만을 두텁게 까는 방식 등 여러 가지 방식이 언급되어 있다.[32] 따라서 중국에서 지붕에 석회를 사용하는 것은 이미 송대 이전으로 거슬러 올라가는 것으로 추정할 수 있다. 석회는 당시에도 귀한 재료여서 가격도 비싸고 민간에서 쉽게 구할 수 없는 것이었다.

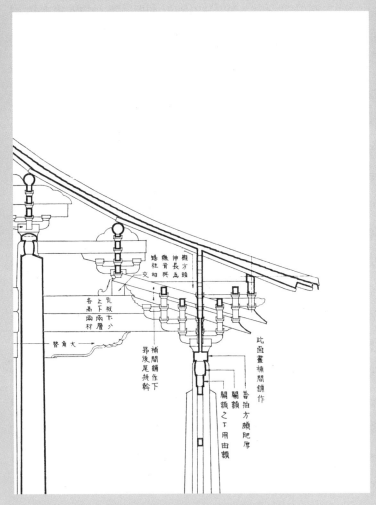

대동 선화사善化寺 삼성전 지붕 단면(《중국영조학사휘간中國營造學社彙刊》 4권 3, 4기합본期
合本, 1934) 지붕 부분은 서까래 위에 흙이 없고 얇게 회를 발랐다.

따라서《영조법식》에 대상 건물이 명시되어 있지는 않지만 회만 까는 것은 주로 고급 건축에 한정되고, 회와 흙을 혼용하는 것은 지방의 사당이나 관청 등에 널리 쓰이고, 민간 살림집의 경우에는 여전히 흙을 두텁게 깔았던 것이 아닌가 짐작된다.[33]

보토라고 하는 두터운 흙 대신에 회를 얇게 깔게 되면 지붕의 두께가 얇아진다. 이것은 지붕의 외관을 빈약하게 보이게 할 우려가 있는데, 이를 보완하려는 듯 원元대 이후 중국 건축의 지붕은 장식이 한층 증가되어 이런 부분으로 시선을 끌어당긴다. 원대에는 채색 기와가

산서성 예성 영락궁永樂宮 지붕 채색 기와를 덮은 모습

성행했다. 이런 기와를 중국에서 유리와라고 부르는데 색상은 녹색과 황색이 주를 이루지만 간혹 흑색도 등장하고 더 밝고 화려한 다양한 색상도 보인다. 지붕 전면에 이런 화려한 색상의 기와가 덮이기도 하고 용마루 부분에만 치장하기도 한다. 산서성에 있는 원대의 도교 사당 영락궁은 이런 유리와가 화려하게 지붕을 장식한 좋은 예로 꼽힌다.

12세기 이후
일본에서
지붕의 변모

지붕 구조라는 측면에서 보면 일본은 가장 획기적인 변화를 추구한 지역이었다. 일본도 고대에는 한반도에서 불교가 전래되면서 중국식의 무거운 지붕을 올렸다. 그러나 습기가 많고 상대적으로 온난한 기후 조건에다 잦은 지진으로 한반도에서 전래된 지붕 구조로는 버티기가 어려워졌다. 무엇보다 지진에 대한 대비가 요구되었다. 과다하게 무거운 기와지붕을 올려놓다 보니 가벼운 지진에도 집이 쉽게 무너지는 것이다. 일차적으로 지진에 대비해서 나타난 대안은 기둥을 측면에서 단단히 붙잡아주는 횡부재를 돌리는 것이었다. 나게시長押라고 하는 이 부재는 10세기 이전에 등장한 듯하다. 기둥 하부와 상부에 두툼한 횡재橫材를 길게 보내서 기둥을 보강해주는 방식이며 중국이나 한반도에서 볼 수 없는 부분이다.

10세기 전후한 시기부터는 적극적으로 지붕 구조에 변화를 시도했다. 우선은 비가 자주 내리는 여건 때문에 지붕의 기울기를 한반도나 중국 북부 지방보다 높였다. 그러기 위해 서까래 위에 짧은 기둥을 세우고 그 위에 다시 지붕널판을 설치해서 기울기를 높였는데 가장 빠른 실례는 10세기 말 다시 지은 호류지 강당이라고 한다.[34] 이후 지붕 경사는 더 커지고 2중의 지붕널판이 확산되면서 자연스럽게 지붕에 흙을 덮는 것도 사라졌다. 때로는 기와 대신에 나무껍질을 얇게 켜서 지붕을 덮기도 했다. 나아가 서까래와 지붕널판 사이에 서까래와 별도로 지붕 무게를 전담하는 하네기枙木라는 굵고 긴 목재를 서까래 윗부분에 일정한 간격으로 경사지게 설치하는 방안이 고안되었다. 하네기가 등장하면서 서까래는 실제로 거의 지붕 무게를 받지 않게 되어 하중으로부터 자유롭게 되었는데 그 결과 서까래는 가늘고 섬세한 모습으로 변했다. 이런 변화 덕분에 일본 건축은 가볍고 기울기가 큰 지붕을 만들어낼 수 있었으며 지붕 속에는 커다란 빈 공간도 만들 수 있었다. 이런 지붕 속을 고야구미小屋組라고 하는데 그 공간이 제법 커서 물건을 넣어두는 장소로 이용되었고 어떤 때는 사람이 몰래 숨어 있는 용도로도 쓰였다.

교토시 렌게요인蓮華王院(33간당) 본당 지붕 단면(《일본건축사기초자료집성》 5권 불당2에서 재작성) 지붕 속을 빈 공간으로 꾸몄다. 검게 칠한 부분은 하네기 부재이다.

기와에 대해서도 무게를 줄이고 일손을 덜기 위한 고안이 따랐다. 기존의 암키와와 수키와로 나누어진 기와를 대신해서 암키와와 수키와를 하나로 해서 무게를 줄이고 시공을 간편하게 하는 간이식 기와가 나타났다. 일본에서는 이를 산가와라桟瓦라고 부르는데, 17세기 말 교토 인근 오츠大津에 살던 기와장이가 이를 처음 고안한 것으로 알려

시가현 쿠사츠시 쿠사츠슈쿠草津宿 본진 정문 지붕의 산가와라 17세기에 고안된 암수 기와를 하나로 합친 기와 모습

져 있다.[35] 이보다 조금 앞서 유럽에서도 유사한 기와가 사용되기 시작했다고 한다. 산가와라가 일본의 독자적인 창안이었는지 이 시기 일본을 방문한 유럽인들의 영향이었는지는 아직 명확하지 않다. 이 기와는 기와의 무게와 제작 비용을 줄이고 공사를 간편하게 하는 이점은 있지만 본래의 기와가 갖는 장중한 느낌이나 형태에는 미치지 못했다. 그 때문에 큰 불전이나 권위적인 건물에서는 채택되지 않았지만 민간이나 소규모 불당, 관청 등에서는 널리 수용되어 18세기 이후 일본 전역으로 확산되었다. 이 기와는 일제강점기 전후해서 우리나라에 개량기와라는 이름으로 흘러 들어와 이후 국내에도 널리 퍼졌다.

고식을 간직한 조선시대의 지붕 구조

지난 2001년 경복궁 근정전 지붕이 건립된 지 130여 년 만에 처음으로 완전 해체되었다. 1868년경에 지어진 이 건물은 조선 말의 축적된 기술을 바탕으로 당시로서는 드물게 큰 규모에 중층 지붕을 한 대형 구조물이었다. 큰 수리를 하지 않고 100년 이상을 버틴 것을 보면 제법 충실하게 기술이 전승되었음을 보여준다. 수리를 하게 된 계기는 전나무로 세웠던 높이 25미터의 고주 하나가 몸통이 부러지고 기울어지는 이상이 생겼기 때문이었는데 기둥을 교체하려니 지붕까지 전체를 손대지 않을 수 없었다.

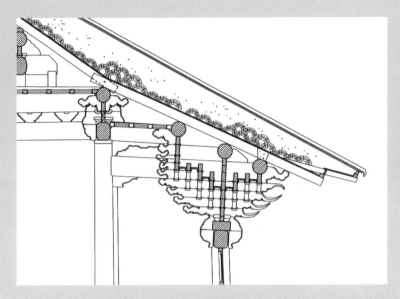

서울 경복궁 근정전 지붕 단면 서까래 위에 두텁게 흙을 올리고 그 위에 기와를 얹는 고식古式
을 유지하고 있다.

  기와를 벗겨내니 약 1미터 30센티미터 두께의 보토층이 나왔다. 넓
은 지붕에 이런 흙이 전체에 덮여 있었으니 흙도 양이지만 그 무
게 또한 보통이 아니었다. 흙을 제거하니 그 아래로 못 쓰는 나무들을
켜켜이 쌓은 적심층이 나왔다. 적심을 다 제거하니 얇은 판자를 정교
하게 깐 널빤지층이 나왔다. 이 널빤지 아래로 서까래가 깔려 있었다.
  근정전의 지붕 구조는 동아시아에서 1,000~2,000년 이상 해오던 지붕과 기와 덮는 기법을 충실히 계승한 모습이라고 할 수 있다. 지붕은 보통 120년이나 150년 정도 지나면 기와도 상하고 서까래도 부식되면서 비가 새는 일이 생기기 십상이어서 대개 전면적인 수리를 하게 마련이다. 따라서 전혀 손대지 않은 200년 또는 300~400년 된 기와지붕은 없다고 보아도 틀림없다. 따라서 고려시대나 조선 초기

근정전의 지붕 해체 모습

건물의 기와지붕이 어떤 구조였는지를 지금 단정적으로 말하기는 어렵다. 그러나 고려시대 지붕 구조와 19세기 중엽의 근정전 지붕 구조가 근본적으로 크게 다르지는 않았다고 생각된다. 왜냐하면 고려 말 건물인 부석사 무량수전이나 수덕사 대웅전, 또는 조선 초기의 무위사 극락전의 서까래 구조가 근정전과 근본적으로 차이가 없기 때문이다. 즉, 우리나라 건축은 고려시대나 조선 말이나 지붕 구조에서 혁신적인 변화는 나타나지 않았다고 해도 좋을 듯하다. 이 점은 보토층을

없앤 중국 강남 지방 건축이나 지붕에 고야구미를 짠 일본 건축과 결정적으로 다르다. 중국 화북 지방 건물도 보토층 대신에 회를 얇게 바르는 것이 일반적이었으니 역시 같지 않다. 유독 한국 건축만이 기와지붕의 구조를 고치지 않고 옛 방식을 그대로 준수해왔다고 하겠다.

왜 우리나라 건물에서는 지붕 구조의 변화가 나타나지 않았을까? 대답을 쉽게 하기는 어렵지만 집이 지어진 자연 조건이나 기술 여건에서 일단 답이 될 만한 사유를 찾아보면 이렇다. 우선 두터운 보토층은 실내 단열과 보온에 효과가 크다. 여름과 겨울의 기온차가 큰 한반도에서 이런 보토층의 이점을 유지해왔을 가능성이 크다. 구조적인 이유도 생각해볼 수 있다. 한국 건축은 기둥을 옆에서 붙잡아주는 부재가 별로 안 보인다. 창방이나 중방이 있지만 기둥을 관통하는 것이 아니어서 축부軸部를 보강하기에는 역부족이다. 큰 목조건물이 많았던 중국 장강 이남에서는 횡부재가 기둥을 관통해서 축부를 붙잡아준다. 이런 방식은 나게시를 이용해서 기둥을 보강하던 일본 건축에 전해져서 적극 활용되었다. 한국 건축은 횡방향에서 기둥을 붙잡아주는 대신에 상부의 무거운 지붕이 내려 누르는 힘을 가지고 기둥의 안정화를 꾀했다. 따라서 지붕을 가볍게 하면 오히려 위에서 눌러주는 힘이 적어져서 구조적으로 불안정해질 우려를 느꼈을 수도 있다. 이것이 또한 지붕 구조를 바꾸는 것을 막았다고 생각된다.

그렇다고 조선시대 지붕 구조가 전혀 아무런 변화의 시도 없이 수

백 년을 이어온 것은 아니었다. 조선시대 건물의 지붕은 단연短椽이라는 상대적으로 길이가 짧은 서까래를 용마루에서 중간 위치의 도리인 중도리 사이에 걸고, 다시 중도리에서 처마 끝 쪽으로 긴 서까래인 장연長椽을 걸친다. 규모가 특별히 큰 경우에는 중간에 또 하나의 서까래가 걸리기도 하지만 그런 예는 흔치 않다. 보통 단연은 기울기가 급한 편이고 장연은 느슨한 편이어서 자연스럽게 지붕면의 경사가 생기도록 하는데, 이때 단연과 장연이 만들어내는 경사의 차이가 크면 클수록 보토 양이 증가하게 된다. 어떤 경우에는 중도리의 위치가 너무 안쪽에 놓이게 되어 단연이 너무 급경사를 이루는 경우도 생긴다.

보은의 법주사 원통보전은 가로 길이와 세로 길이가 거의 같은 정방형 평면의 건물이다. 평면이 정방형이 되면 지붕은 일반적인 팔작지붕이나 맞배지붕을 짜기는 어렵고, 사방의 추녀가 꼭대기 정상부에 모이는 모임지붕을 하게 된다. 그런데 이 건물의 경우 실내 중앙에 모신 불상 주변에 네 개의 고주가 서면서 고주 위에 중도리를 놓다 보니 단연이 너무 급하게 되었다. 이 문제를 해결하기 위해서 원통보전 건물에서는 단연을 중도리에 걸지 않고 아래쪽으로 거의 바깥 기둥 위치까지 길게 빼내서 단연의 기울기를 느슨하게 했다.

법주사 원통보전만이 아니고 조선 후기의 많은 건물들이 이런 방식을 통해 지붕의 기울기를 적절하게 유지하는 방식을 택했다. 어떤 경우에는 장연과 단연이 거의 이중으로 놓일 정도로 단연을 길게 하

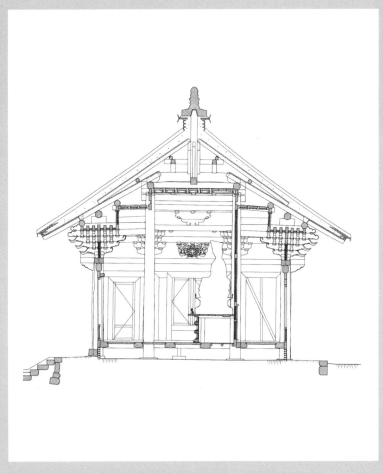

충청북도 보은 법주사 원통보전 단면도(《한국의 고건축》 18, 문화재관리국) 단연을 기둥 위치까지 길게 걸쳐서 서까래 기울기를 조절하고 지붕 속 흙의 양을 줄이도록 했다.

기도 했다. 그 이점은 무엇보다 보토 양을 줄일 수 있다는 데 있다. 이것은 의도적으로 지붕 보토 양을 줄이기 위한 노력의 소산이라고 평가된다. 또한 단연과 장연이 반드시 중도리에서 만나지 않아도 되기 때문에 중도리의 위치를 자유로 움직일 수 있는 이점도 따랐다. 다만, 이런 기법은 도성의 궁궐이나 경상도의 유서 깊은 불교 건물에서는 잘 보이지 않고 주로 전라도의 영세한 사찰, 함경도나 평안도의 불교 사찰과 관청, 또는 누각 건물에서 주로 보인다. 따라서 아마도 중앙에서 활동하던 장인들이나 경상도에서 오랜 전통을 지켜오던 장인들은 이런 방식을 정통이 아니라고 생각하고 외면했던 듯하고 비교적 전통의 구속에서 자유로운 전라도나 평안도, 함경도의 장인들 사이에서 채택되었던 것으로 보인다.

처마 곡선의
득과 실

한국 건축에서 가장 인상적인 부분이 어디
인지를 묻는다면 대부분 아름다운 처마 곡
선을 꼽지 않을까 한다. 과연 조선시대 궁
궐이나 깊은 산중의 불교 사찰에 가서 건
물을 바라다볼 때 처마 곡선은 유달리 정
감이 가고 친숙해 보이고 또 주변 산세와도 잘 어울린다. 한옥이 많이
모여 있는 서울 가회동의 북촌마을에서도 가장 눈에 띄는 부분은 담
장 너머로 보이는 휘어진 처마의 곡선이 아닌가 싶다. 처마에 곡선을
주는 것은 서양 건축에서는 보기 어려운 동아시아 건축의 특징이며
그중에도 우리나라가 유독 처마 곡선에 대한 자부심이 크다. 그러나

처마 곡선은 단지 예찬만 하고 넘어갈 것은 아닌 듯하다.

처마에 곡선을 만드는 일은 각별한 노력이 요구된다. 지붕은 긴 서까래가 아래로 경사져 내려가게 되는데 이 경사진 서까래만 가지고는 처마가 너무 낮아 보이기도 하고 볕도 잘 들지 않게 된다. 이를 보완하기 위해 나타난 것이 서까래 위에 또 하나의 짧은 서까래를 올려놓는 것인데 이를 부연浮椽 또는 부연附椽이라고 부른다. 뜬 서까래 또는 덧붙인 서까래란 뜻이 된다. 부연과 구분하기 위해서 본래의 서까래를 처마서까래라 한다. 처마 곡선은 처마서까래와 부연이 양 끝으로 가면서 위로 상승하는 유연한 곡선을 만들면서 이루어진다. 서까래가 위로 상승하는 곡선을 만드는 데 가장 결정적인 부재가 평고대平高臺이다. 평고대는 서까래 끝에 놓는 가늘고 긴 수평재인데 이 평고대를 적당히 휘게 해서 양 끝이 하늘로 향하는 듯한 곡선을 만들고 서까래들을 평고대에 고정해가면서 처마의 전체 곡선이 이루어지는 것이다. 처마서까래 위에 놓이는 것을 그냥 평고대 또는 초매기라 하고 부연 위에 놓이는 것을 부연평고대 또는 이매기라 부른다. 서까래는 건물의 가운데 부분에서는 동일한 간격으로 나란히 배열되지만, 양 끝으로 가서는 마치 부챗살처럼 펼쳐져서 네 모서리에 설치하는 추녀에 연결된다. 네 모서리의 서까래는 선자연扇子椽, 즉 부챗살서까래라고 부른다. 이 선자연 또한 추녀 곡선을 양 끝에서 멋지게 휘어 오르게 하는 데 일조한다. 선자연은 추녀 쪽으로 가면서 안쪽 굵기가 조금

운문사 대웅보전 지붕 해체 모습(《운문사대웅보전수리실측보고서》, 문화재청) 서까래 끝에 휜 평고대를 올려놓아서 처마의 곡선을 잡았다.

씩 달라지고 간격도 미세하게 벌어지도록 해서 자연스럽게 추녀에 연결되는 것이 생명인데 이것을 제대로 만드는 데는 상당한 경륜이 필요하다.

처마에 곡선을 주는 것은 먼 고대부터 중국 건축에서 시작되었다. 이것이 점차 주변으로 확산되어 한국, 일본, 그리고 베트남의 건축에 퍼졌다. 주변 나라로 처마 곡선을 만드는 방식이 확산되면서 각 나라의 집 짓는 사정에 따라 기술적인 변화도 나오고 형태도 조금씩 달라졌다. 무엇보다 처마 곡선의 원조라고 할 중국에서 변화가 일찍 나타났다고 짐작된다. 그러나 실상은 잘 파악되지 않는다. 목조건물에서 지붕은 거의 150년 정도가 지나면 전면적으로 자재를 교체하고 기와도 새로 잇게 된다. 따라서 먼 과거의 지붕 방식이 현재까지 온전히 남아 있는 곳은 있을 수 없다. 아무리 오래된 것이라 해도 1,000년 이상의 기법을 그대로 간직한 예는 찾아보기 어렵다. 따라서 중국에서도 먼 과거의 처마 곡선이 과연 어떤 모습이었고 그것이 어떤 변화를 거쳤는지를 정확하게 말하기는 불가능하다.

처마 곡선은 각 지역의 풍토나 강우량 같은 자연 요소에도 영향을 받지만 건물의 용도나 건축주의 사회적 신분에 따라서도 많은 차이를 나타낸다. 중국 같은 광대한 대륙에서는 화북 지방의 처마 곡선과 화남의 그것이 확연히 다른 모습이다. 강우량이 적고 사람들의 기질이 검소하며 강인한 화북은 곡선이 강하지 않고 양 끝에서만 살짝 처마가 솟아오르는 정도를 선호한 듯하다. 반면에 비가 많고 온화한 기후에 화사함을 선호하는 장강 이남에서는 하늘로 치켜 올라갈 듯한 날카롭게 상승하는 곡선을 좋아한 듯하다. 물론 모든 건물이 그런 것은 아니고 대개 종교 시설이나 사당 같은 건물들이 이런 곡선을 보인다. 중국에서도 처마의 곡선을 결정짓는 데는 우리나라 평고대에 해당하는 대연첨大連檐이 중요한 역할을 한다. 《영조법식》에서는 처마의 곡선을 만드는 부분을 비교적 간단하게 설명하고 말았는데[36] 아마도 지

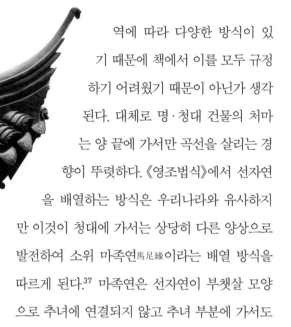

중국 남부 지방 건축의 지붕, 상해 예원豫園의 정자. 날카롭게 하늘로 치솟은 중국 남부 지방 건물 추녀

역에 따라 다양한 방식이 있기 때문에 책에서 이를 모두 규정하기 어려웠기 때문이 아닌가 생각된다. 대체로 명·청대 건물의 처마는 양 끝에 가서만 곡선을 살리는 경향이 뚜렷하다. 《영조법식》에서 선자연을 배열하는 방식은 우리나라와 유사하지만 이것이 청대에 가서는 상당히 다른 양상으로 발전하여 소위 마족연馬足緣이라는 배열 방식을 따르게 된다.[37] 마족연은 선자연이 부챗살 모양으로 추녀에 연결되지 않고 추녀 부분에 가서도 서까래가 서로 약간의 간격을 유지하는 방식인데, 이것이 훨씬 일하기가 용이하다. 처마의 아름다운 곡선보다는 일의 편의를 우선한 결과라고 하겠다.

일본은 13세기 전후 가마쿠라鎌倉시대까지는 중국이나 우리나라와 유사한 방식을 취했다고 추정된다.[38] 또 13~14세기에 중국에서 선종이 도입되면서 지붕 전체에 완만한 곡선을 만들고 서까래 전체를 부챗살처럼 펴는 방식도 나타났다. 그러나 이런 방식은 일부에 한정되었다. 그러다가 15세기경 이후에 가서는 전혀 다른 길을 갔다. 일본의 지붕은 하네기라는 경사재를 지붕 속에 설치해서 지붕 하중을 받도록 했고 그 결과 서까래는 거의 외부 치장용에 그쳤다. 물론 일본 건축의 지붕도 곡선 처마를 유지하고 있으며, 이를 위해서 우리 평고대에 해당하는 기오이木負, 부연평고대에 해당하는 가야오이茅負를 두고 이들이 곡선 결정에 기여하도록 한다. 그러나 지붕의 형태를 결정짓는 데는 이들 수평재 외에 다른 요소들이 더 작용했다. 15세기 이후 일본 건축은 선자연을 설치하지 않고 추녀 쪽도 중앙부처럼 서까래를 평행하게 배열했기 때문에 처마의 느낌이 달랐다. 또 처마도 건물 가운데 부분은 거의 수평 상태를 유지하다가 양 끝에 가서만 겨우 곡선

교토시 묘신지妙信寺 법당 거의 직선을 유지하고 끝만 살짝 치켜 올린 일본 건축의 지붕

을 만드는 간편한 방식을 따랐다.

결국 조금 거칠게 표현하자면, 동아시아 건축의 처마 곡선은 중국이나 일본이 후대에 가서 시공상의 간편함을 채택하면서 처마 본래의 아름다움을 포기한 대신 우리나라 건축이 이를 고수한 측면이 있다. 이를 위해 우리나라 장인들은 힘들게 평고대의 곡선을 만드느라 애쓰고 선자연을 유지하는 데 많은 공력을 들였다.[39]

우리나라에서 처마 곡선에 큰 의미를 부여해왔다는 사실은 일반 살림집까지 지붕 처마에 곡선을 살렸다는 점에서도 찾아볼 수 있다. 궁궐이나 종교 시설이라면 모를까 살림집 지붕까지 곡선을 살린다는 것은 경제성으로 보아서 좀 지나쳤다고 생각된다. 물론 중국에서도 큰 부호의 살림집에는 대문에 날카로운 곡선 처마를 올리고 가묘 같은 곳에 곡선 처마를 두었다. 그러나 대다수 도시 지역의 주택에서 처마 곡선을 살리는 경우는 많지 않았다. 더군다나 도시 중하류 계층 주택이라면 곡선과는 거리가 멀었다. 일본의 경우에는 이미 15~16세기 무사들의 주택인 쇼인즈쿠리書院造에 곡선 처마는 잘 보이지 않는다. 도시 서민이나 농가는 말할 것도 없다. 이에 비해 조선시대 하회마을이나 양동마을의 기와집들은 멋들어진 곡선을 유지했다. 다른 지역도 마찬가지였다.[40]

살림집에까지 처마 곡선을 살리려고 한 자세가 극단적으로 나타난 것이 서울 가회동 북촌마을의 집들이다. 북촌마을 주택은 대개

1930년대에 와서 서울의 주택이 부족해지자 큰 집터를 잘게 쪼개서 작은 집을 여럿 지어 팔 목적으로 지은 소위 집 장사 집이다. 따라서 이런 집은 비좁은 대지에 집을 최대한 압축시켜 방을 여럿 만들고 구조도 전통적인 방식을 대충 흉내 내면서 간략하게 처리해서 지었다. 그런데 이런 열악한 집에서 특별히 눈에 띄게 돋보이도록 한 부분이 지붕 처마이다. 처마는 집 규모에 비해 과다하게 곡선을 이루었고 거기다 함석 차양까지 덧달아서 한층 휘어오르는 느낌을 강하게 했다.

경상북도 안동시 하회마을 내 양진당 살림집까지 지붕의 곡선을 살렸다.

서울 가회동 북촌마을 한옥 지붕 처마 곡선이 더 강조된 모습이다.

비록 도시의 비좁은 집이지만 처마만은 그럴듯하게 꾸며서 구매자들의 선호도를 높이려는 목적이 엿보이는 모습이다. 북촌마을 한옥의 지붕 처마는 조금 과장된 측면이 있지만 이것이 일반인들에게 한국건축의 처마에 대한 강렬한 인상을 심어주는 데 크게 기여했다고 생각된다.

한국 건축의 처마 곡선은 확실히 이웃한 나라들의 처마보다 멋이 있다. 그런데 세상일은 역시 얻는 것이 있으면 잃는 것이 있는 법이어서 이런 멋진 처마를 유지하는 데 적지 않은 수고가 따랐다. 집 지을 때의 수고로만 끝나는 것이 아니고 이를 유지 관리하는 데도 지속적인 손길을 필요로 했다. 제일 큰 문제는 건축이란 것이 시대 흐름에 발맞추어 끊임없이 변화해나가는 것인데 그 부분에서 뒤처진 점이다. 집 짓는 과정에서 경제성이 큰 비중을 차지해나가는 역사적 흐름 속에서 한국 건축이 처마 곡선을 유지하느라 변화의 속도를 따라가지 못했다. 한국의 처마 곡선을 단지 아름답다고만 말하고 있을 수 없는 이유가 여기에 있다.

지붕의
장식

광해군은 조선왕조 역대 임금들 중에 건축
공사에 가장 열정을 보인 왕이었다고 할
수 있다. 15년간의 재위 기간 내내 궁궐을
복구하거나 새로 지었다. 임진왜란 때 소
실되었던 창덕궁과 창경궁이 광해군 때 복
구되었고 새로 인왕산 아래 인경궁을 창건하였으며 또 그 서쪽에 경
덕궁(뒤에 경희궁으로 이름을 고침)도 창건했다. 인경궁을 지은 것은 인왕
산 아래가 길한 곳이라는 풍수가의 이야기에 따랐다고 하며 경덕궁은
이곳에 왕이 태어날 조짐이 있다는 말에 그 터를 손에 넣기 위해 궁
을 지었다는 기사도 전한다. 다만 이것은 광해군이 폐위된 후에 나온

글들이어서 전적으로 신뢰하기는 주저된다. 이유야 어찌 되었건 아직 전란의 후유증이 가시지 않은 때에 지나치게 건축 공사를 많이 벌였던 점은 분명하며 그 때문에 정치적인 무리도 있었다고 하겠다.

그런데 광해군은 단지 궁궐을 짓는 데 만족한 것이 아니고 집 짓는 기술을 개발하는 데도 상당한 관심을 기울이고 이를 실현하려고 애썼다. 무엇보다 기와에 대해 큰 관심을 기울여 자신이 짓는 궁궐에 청기와를 적극 활용하도록 했다. 청기와는 조선 전기에도 경복궁에 일부 사용한 예가 있지만 제작 비용이 많이 들어 다른 곳에는 거의 쓰이지 않았다.[41] 광해군은 인경궁의 주요 전각들을 거의 다 청기와로 덮도록 했으며 나아가 황기와도 제조하도록 명했다. 그러나 황색 기와에 대해서는 제작이 어려워 도중에 포기하고 말았다.[42] 지금도 광해군의 명으로 만들어졌던 청기와가 창덕궁 선정전 건물에 덮여 있다. 그 청기와는 본래 인경궁의 광정전에 덮였던 것인데 선정전을 다시 지으면서 기와를 가져다 쓴 것이다.

조선시대 궁궐에 쓰이는 기와 중에는 아연와亞鉛瓦라는 것이 있었다. 대개 궁궐의 정전이나 편전 등 주요 전각에 사용하고 왕릉의 정자각에 가끔 사용했다. 아연와는 기와 표면이 보통 기와에 비해 광택이 나고 훨씬 단단한 기와를 지칭하는데 아마도 제작 과정에서 유약 등을 발랐던 것으로 보인다.[43]

이 밖에 조선시대 건물에는 취두鷲頭와 용두龍頭, 토수土首가 고급 건물에 쓰였다. 취두는 고대의 치미를 대신해서 용마루 양 끝에 장식하던 기와를 가리킨다. 취鷲는 글자로는 독수리를 가리키는데 여기서는 다른 상상의 동물을 나타내는 것으로 보이지만 자세히는 알 수 없다. 보통 궁궐의 용마루 양 끝에 장식된 취두는 큰 짐승이 입을 크게 벌린 모습이고 머리 뒤로 갈기 장식이 있다. 용두는 주로 양쪽 박공면을 따라 내려가는 내림마루 끝에 놓인다. 이곳에 용 머리를 장식해서 올려놓는다. 토수는 추녀의 끝에 끼워 넣는 것으로 추녀 끝 부분이 비바람에 상하는 것을 방지하는 역할을 한다.

이런 장식물 외에 조선시대에 궁궐이나 성문, 정자각 등에 빠지지 않고 등장하는 것으로 네 모서리 추녀마루에 올리는 잡상雜像이 있다. 잡상은 보통 홀수로 올리며 5개에서 11개까지 놓는다. 잡상에 올라가는 장식물은 무엇을 상징하는 것일지 궁금한데 서유기의 주인공들이라는 견해가 있지만 이것은 조선 후기에 와서 일부에서 쓰였을 가능성이 있지만 본래는 서유기와 상관없는 내용이었다고 판단된다.

조선시대 건물의 잡상과 비슷한 것은 중국 건축에도 있다. 중국에서 보통 선인주수仙人走獸라고 부르는 것이 그것이다. 선인 하나에 주수가 짝수로 이루어지는데 보통 합해서 7개에서 9개, 11개 등이 놓인다. 중국의 선인은 봉황새를 탄 신선이 제일 앞에 장식되고 그 뒤로는 몸체는 웅크린 짐승 모습이고 얼굴만은 제각기 달라서 용, 봉황, 사자, 천마, 해마, 해치, 두우(용의 일종) 등 상상 속의 동물들이 늘어서게 된다.[44] 추녀마루에 장식물을 올리는 것은 한나라 때 명기에도 보이지만 선인주수가 구체화되는 것은 원대 이후로 짐작된다.《영조법식》에는 잡상에 해당하는 것으로 추녀마루 등에 빈가嬪伽, 준수蹲獸를 둔다고 명시했다.[45] 빈가는 불경에 나오는 상상의 새 가릉빈가迦陵頻伽의 약칭으로 보이고, 준수는 웅크린다는 준蹲 자로 미루어 웅크린 자세의 짐승을 지칭하는 것으로 판단된다. 따라서 후대의 선인주수와 거의 일치한다.

중국의 선인주수에 비해서 조선시대 잡상은 그 출처나 근원이 모호하다. 한국학중앙연구원 도서관에《상와도像瓦圖》라는 출처가 불분명한 그림집이 하나 전하고 거기에는 잡상을 두고 대당사부니 손행자니 저팔계니 해서 서유기와 관련한 이름을 명명하고 간단한 그림까지 제시하고 있다. 이 책자는 20세기에 들어와 제작된 것으로 알려져 있으며 과연 그 내용이 조선시대 잡상을 제대로 기술한 것인지 의심된다.[46] 1647년 창덕궁 수리 공사를 기록한《창덕궁수리도감의궤》에는 인경궁에서 옮겨온 자재명 중에 손행자매 孫行者妹, 산화승山化僧, 준구蹲狗(웅크린

잡상 대당사부(근정전 지붕)

모습의 개), 위룡爲龍이 등장하기는 하지만 구체적으로 무엇을 지칭하는 지는 불분명하다. 실제로 많은 궁궐 전각에 있는 잡상의 형상은 제일 앞에 무관이 지키고 서 있는 모습이고 그 뒤는 중국의 주수와 유사한 형상의 웅크린 동물 모습들이 늘어선 모습이다. 다만 그 형상은 명· 청대 주수와는 형태에서 차이가 많이 난다.

최근 회암사지에서 출토된 잡상은 그 형상이 원대 잡상과 거의 같다. 따라서 조선시대 잡상은 고려 말경 원대 잡상의 영향을 받아 나타나면서 조선시대에 들어와 조선의 정서에 맞게 조성돼나간 것으로 보는 것이 타당할 듯하며 기본은 역시 중국의 선인주수와 공통된다고 하겠다.[47] 선인주수나 잡상이 일본 건축에서는 전혀 보이지 않는다. 14세기 말 이후 일본이 거의 한반도나 대륙과 교류를 갖지 못한데 기인된다고 볼 수 있다. 반면에 오키나와섬에는 독특한 사자 형상을 한 장식물이 지붕 여러 곳에 장식된 것을 볼 수 있다. 오키나와섬을 지배하던 유구琉球 왕국은 17세기에 일본에 점령당하기 전까지는 중국이나 조선과 교류를 가진 독립국이었으며 지붕 장식은 그런 유구국의 문화 속성을 잘 보여준다.

한 가지 조선시대 지붕에서 특이하게 언급할 부분은 양상도회梁上塗灰이다. 양상도회는 용마루와 내림마루, 추녀마루 등 지붕의 윤곽선을 형성하는 부분에 회를 두텁게 발라 멀리서도 지붕의 윤곽이 한눈에 들어오는 효과를 내는 것을 지칭한다. 근래에는 양성 또는 양성바름이라고 부른다. 이것은 중국이나 일본 건축에는 없는 조선왕조 건축에서만 볼 수 있는 기법이며 주로 궁궐이나 왕실 사묘祠廟, 정자각 또는 관청 건물 등 왕실이나 관청과 관련한 건물에 나타난다. 언제부터 어떤 의도로 용마루나 내림마루에 회칠을 하게 되었는지 그 연원은 아직 밝혀지지 않았지만 지붕의 윤곽을 강조하는 효과는 분명히 있어 보인다. 문헌상으로는 17세기 초 의궤에도 등장하고 있으므로 적어도 17세기보다 이른 시기부터 나타났다고 볼 수 있다. 그런데 17, 18세

수원 화성행궁 중문과 정당 지붕의 양상도회 모습 지붕의 용마루와 처마마루에 회를 두텁게 발라 지붕의 윤곽을 뚜렷이 한다. 중국이나 일본 건축에는 없는 조선시대 건축의 특이한 부분이다. 양상도회는 요즘은 양성이라고 부르고 있다.

기 건물 수리를 다룬 기록에는 용마루 측면에 바른 석회가 자주 떨어지는 문제를 지적한 기사들이 보인다. 영조 때는 이를 해결하기 위해 여러 방법이 모색되었으며 느릅나무즙을 석회에 혼합해서 바르는 방안도 강구되었다. 이 방안은 일시적으로는 효과가 있었던 것으로 보이지만 19세기 후반 이후에는 쓰이지 않게 되었다. 아마도 완전한 해결책은 되지 못하였던 듯하다.

용마루가 없는 집, 무량각

경복궁의 침전인 강녕전과 교태전, 창덕궁의 침전인 대조전은 지붕 꼭대기에 있어야 할 용마루가 없다. 용마루가 없이 지붕 꼭대기가 둥글게 처리되어 있다. 이처럼 건물에 용마루가 없는 것은 다른 불전이나 관청 건물에서는 전혀 볼 수 없다. 또 같은 궁궐 내라고 해도 정전이나 편전 또는 부속 건물에서는 용마루가 없는 경우가 잘 보이지 않는다. 예외라면 창경궁의 통명전이 역시 용마루가 없는 정도다. 그러다 보니 사람들의 궁금증이 이런 용마루 없는 건물에 쏠리게 되는 것은 당연한 일이다. 왜 궁궐 침전 건물은 용마루가 없을까? 궁금증은 크고 이런 건물에 대한 연구는 부족하다 보니 엉뚱한 설이 횡행하기도 한다. 가장 흔하게 듣는 설명으로는 침전은 임금이 주무시는 집인데 임금을 상징하는 용이 지붕 꼭대기에도 있으면 안 되기 때문에 용마루 없는 집을 지었다는 것이다. 얼핏 그럴듯하게도 들리지만 궁궐 건물을 조금만 살펴보면 말이 안 된다는 것이 금방 드러난다. 〈동궐도東闕圖〉 같은 그림에는 대조전 외에도 그 주변의 집상전도 용마루가 없는 모습이다. 《궁궐지宮闕誌》에는 집상전을 설명하면서 '무량각無梁閣'이라고 적었다. 용마루 없는 집이란 뜻이다. 집상전은 현종 때 모친 인선왕후 거처를 위해 지은 전 각이다. 모친의 전각에 임금이 가서 자는 일은 없을 터이니 임 금이 자는 집이어서 용마루가 없다는 것은 말이 안 된다. 창경 궁 통명전도 용마루가 없는데 이 건물도 대비 처소로 주로 이용 되었으니 마찬가지다.

중국 북경의 자금성을 가면 여기저기 무량각 건물이 보인다. 중국에서는 이런 지붕을 권붕卷棚이라고 했는데, 주로 작은 행 각行閣이나 부속채 또는 사당 건물의 출입구 쪽에 종종 나타난 다. 특히 연극을 공연하는 희대戲臺의 앞부분에 용마루 없는 지 붕을 덧붙여서 공연하는 공간을 확장하는 경우에 흔하게 보인 다. 일례로 산서성에 있는 진晉나라 제후의 시조를 모신 진사晉 祠를 보면 성모전 같은 중심 건물은 용마루가 잘 갖추어져 있고 수경대나 균전대 같은 부속사 앞에는 권붕, 즉 무량각이 세워 져 있다. 이럴 때 권붕은 지붕 꼭대기를 둥글게 하기보다는 실 내 천장을 둥글게 꾸미는 데 주된 목적이 있는 듯이 보인다. 따 라서 중국 건축에서 권붕은 외관보다는 내부에서 올려다보는 천장의 형상을 둥글게 하려는 의도가 강해 보인다. 이를 위해서 중국의 권붕은 종도리 없이 중도리를 2개 수평으로 나란히 설 치한다.

19세기에 중건된 경복궁의 강녕전과 교태전도 무량각 건물이었다. 두 건물이 1917년 창덕궁 내전 화재 후 재건될 때 각각 창덕궁의 희정당과 대조전으로 이축되었기 때문에 현재는 창덕궁의 두 건물이 무량각으로 되어 있다. 경복궁의 두 전각은 지난 1990년대에 경복궁 복원 시에 무량각 형태로 복원되었다. 무량각을 짓기 위해서는 종도리를 두 개 나란히 올리고 또 지붕 꼭대기 부분에는 궁와弓瓦라고 하는 곡선 형태의 특별한 기와를 올린다. 따라서 무량각은 일반 건물보다 짓는 데 특별한 공력이 들었다.

우리나라 건물에 용마루 없는 건물이 언제 어떤 과정에서 나타났는지에 대해서는 아직 학술적으로 불분명하다. 최근 이강근은 〈조선후반기 건축의 대중교섭〉《조선후반기 미술의 대외교섭》, 예경, 2007)에서 그 연원이 임진왜란 이후 명나라와의 교류 결과일 가능성이 크다는 주장을 폈다. 즉, 당시 임진왜란에 참전하기 위해 조선에 온 중국인들에 의해 용마루 없는 건물이 도입되었을 가능성이 있다는 것이다. 그중에는 특히 전란에 큰 공을 세우고 후에 조선에 정착한 시문용施文用의 역할이 컸을 것으로 추정했다. 아직 논의 여지는 남아 있지만 설득력 있는 견해라고 생각된다. 이를 뒷받침하는 근거로, 최근 공개된 조선시대 회화 자료 중에 1560년 창덕궁에서 있었던 관료들의 모임인 계회契

會를 묘사한 〈만력임오합사계회도萬曆壬午合司契會圖〉라는 그림이 있다. 이 그림에는 임진왜란으로 소실되기 전인 16세기 이전 대조전 지붕의 모습이 묘사되어 있는데, 이 그림의 대조전 지붕은 지금처럼 용마루가 없는 집이 아니고 용마루가 제대로 갖추어진 모습으로 묘사되어 있다. 따라서 이 그림이 정확하다면 대조전은 16세기까지는 용마루가 있는 건물이었다가 임진왜란 때 소실 후 재건되면서 용마루 없는 건물로 바뀌었다는 추정이 가능해진다. 다만 이 그림은 대조전이 멀리 배경으로 그려져 있고, 건물 형태도 실체를 그렸다고 하기보다는 화가가 임의로 형태만 표현한 것일 수 있어서 신빙성에 한계가 있다.

이런 지붕 형태가 다른 곳에서 나타나지 않고 오로지 궁궐 내전 중 중요 전각에만 집중되어 있다는 점에서, 무량각은 특별한 의미가 있는 전각에만 선택적으로 지었음은 분명하다. 무량각이 언제 어떤 경위에서 조선의 궁궐에 나타나게 되었는지는 아직도 풀지 못한 숙제 중 하나이다.

한편 무량각 도입에 기여했다고 추정되는 시문용은 임진왜란 이후 경상도 성주에 내려가 정착하던 중 광해군의 명으로 인경궁 창건에 참여했다. 시문용은 풍수에 조예가 깊어서 인경궁의 전체 구성이나 건물 좌향 등을 주도했다. 당시 광해군은 시문용과 함께 풍수에 밝은 승려 성지를 총애하여 인경궁 공사를 맡겼는데, 인조반정으로 광해군이 쫓겨나면서 성지는 공사를 과도하게 벌여 백성을 괴롭혔다는 이유로 처형되었으나 시문용은 화를 면했다. 지금도 성주 수륜면에는 절강 시씨의 집성촌 안에 시문용의 사당이 있고 그가 명나라를 바라보며 절을 올렸다는 대명단大明壇 제단도 남아 있다.

3

천변만화하는 목조건축의 백미,

공포와 화반

공포와 화반,
문화 교류의
징표

사람 이름이나 물건 중에 몇 번 들어도 잘 기억이 안 되는 경우가 있고 한 번만 들어도 오래도록 머릿속에 잘 기억되는 것이 있다. 아마도 일상과 직접 관련이 되거나 아니면 특별히 흥미가 끌리는 경우에 기억이 잘되고, 그렇지 않고 일상과 거의 관련이 없는 경우에 기억이 안 되는 것이 아닌가 싶다. '공포'라는 용어나 공포와 관련한 명칭은 보통사람들에게는 가장 기억이 안 되고 또 무엇을 지칭하는 것인지 이해가 안 되는 대상 중 하나일 것이다. 공포라는 것이 우리 일상과는 전혀 무관한 부분이기 때문이기도 하지만 더 근본적으로는 이들 용어

자체가 가지고 있는 문제 때문이라고 할 수 있다.

공포는 밖으로 길게 내민 처마를 지탱할 목적으로 기둥 위에 짜여지는 작은 재목들의 총칭이다. 공포는 단일 부재가 아니고 주두柱頭라고 하는 기둥 위에 놓이는 넓적한 받침재와, 앞과 옆 방향으로 팔처럼 뻗은 첨차檐遮라는 부재들과, 이들을 연결해주는 소로小櫨라는 작은 연결재로 이루어진다. 공포와 공포 사이에는 화반花盤이라는 받침재가 놓인다. 주두, 첨차, 소로 또는 화반은 하나같이 우리가 평소 입에 올릴 일이 한 번도 없는 용어들이니 자연히 기억하기도 힘들고 이해도 어렵다.

《미술고고학용어집-건축편》은 1955년에 국립박물관이 펴낸, 우리나라 고건축의 용어를 우리 손으로 정리한 첫 번째 책이다. 6.25 동란의 상흔이 아직 곳곳에 남아 있던 어수선한 시절에 이런 작업이 이루어졌다는 점에 경의를 표할 만하다. 광복 직후 우리 문화재를 수리하는 데 진력했던 임천 선생의 노작으로 전한다. 이 책에 공포를 설명하기를 "주두·소로·첨차 등을 짜서 처마 끝의 무게를 받들게 한 것"이라 했다. 한자로는 '貢包'라 적었다. 바친다는 뜻의 '공貢' 자가 조금 어색해서인지 이후 다른 책에서는 두 손으로 받든다는 '공拱' 자를 쓰거나 중국에서 표기하는 '공栱' 자를 사용하는 것이 보통이다. '包'는 꾸러미, 보따리 같은 뜻을 가지고 있으니 아마도 위에서 말한 주두, 소로, 첨차의 꾸러미를 지칭하는 듯하다. 화반에 대해서는 창방 위에

경상북도 영주시 부석사 무량수전 공포 주두·소·로·첨차로 구성된 전형적인 고려시대 공포의 모습을 보여준다.

있는 도리를 받는 초각草刻한 반이라고 정의했다.

이런 용어는 본래는 목수들이 현장에서 말로만 사용하던 것을 누군가 문자를 터득한 사람이 한자어로 옮겨놓은 것일 것이다. 그 과정에서 당초의 용어가 왜곡될 수 있다. 조선시대 건축을 다룬 의궤는 당시의 건축 용어를 파악할 수 있는 중요한 기록물인데 이 의궤에 나오는 공포 용어는 시대에 따라서도 차이가 있고 책 하나 안에서도 통일되지 않는 경우가 있다. 당시에도 일하는 기술자들에 따라 쓰이는 용어가 조금씩 달랐을 수 있고 또 이를 기록하는 사람의 이해도에 따라 같은 대상을 서로 다르게 기록하는 일도 있었을 것이다.

중국에서는 공포를 두공枓栱이라고 쓴다. 두는 주두를 가리키고 공은 우리의 첨차를 가리킨다. 큰 틀에서는 이렇게 정리되지만 세부에 들어가면 용어가 상당히 복잡하다. 또 12세기 《영조법식》에 쓰이던 용어와 18세기 청나라 때 만든 건축 기술서의 용어가 전혀 다르다. 역시 시대 변화와 집 짓는 사람들의 차이가 다양한 용어를 만들어냈다고 할 수 있다.

일본은 목수들이 사용하던 용어가 목수들 자신에 의해 정리된 역사를 갖고 있다. 일본의 목수는 할아버지에서 아버지로, 아버지에서 아들로 혈연적으로 계승되었기 때문에 집안에서 내려오는 기술서를 목수 스스로 기록하는 일이 많았고 이런 과정에서 용어가 자리 잡아 갔다. 물론 목수들 사이에 차이가 없을 리 없었지만 20세기 초에 용어를 통일한 《일본건축사휘日本建築辭彙》라는 사전이 편찬되면서 혼란을 많이 해소했다.[48] 일본에서는 공포는 중국식으로 두공斗栱이라고도 하지만 구미모노組物라는 일본식 호칭이 더 일반적이다. 주두는 다이토大斗, 첨차는 히지키肘木, 소로는 마키토券斗라고 한다. 첨차를 가리키는 주肘는 팔꿈치를 뜻하므로 훨씬 즉물적이다.

목조건축, 특히 동아시아 건축에서 공포가 차지하는 비중은 자못 크다. 목조건축은 속성상 기둥이나 창문, 지붕 같은 부분에서 다른 건물과 구분되는 독창성이나 차이점을 만들어내기는 어렵다. 기술자들이 자신의 창의력이나 재주를 가장 잘 발휘할 수 있는 부분이 공포라고 할 수 있다. 또한 각 시대에 따라 표현 방식에 차이가 생기고 유행에 민감하게 반응하는 곳도 공포다. 따라서 공포는 한 건물이 지어지는 시대를 예민하게 반영하고 또 기술자들의 개성을 발휘할 수 있는 부분이기도 하다. 공포는 이웃나라의 새로운 경향이 손쉽게 영향을 끼칠 수 있는 점에서 가장 전파력이 강한 부분이기도 하다. 따라서 공포를 면밀히 관찰하는 것은 문화 교류의 정도를 가늠할 수 있는 척도가 되기도 한다. 한국 건축을 이해하는 데 공포에 대한 최소한의 식견이 필요한 이유도 여기에 있다.

중국에서
공포의
출발

최근의 고고학적 조사에 의하면 중국에서
공포와 관련한 가장 이른 자료는 기원전
800년 서주 시대 이전으로 거슬러 올라간
다. 또한 전국시대에는 중국에서 일두이승
一斗二升이라고 부르는, 주두 위에 긴 받침
재가 양팔을 뻗친 듯한 모습으로 발전한다고 한다.[49] 한대에 오면 더
발전되어 일두삼승一斗三升, 즉 주두 위 받침재가 세 부분의 받침을 갖
춘 모습을 보여서 두와 공이 모두 갖추어지는 셈이다. 또한 하북성에
서 출토된 명기에는 받침재가 두 단으로 중첩된 모습도 나타나서 소
위 중공重栱으로 발전되고 있음을 보여준다.

사천성 아안현 고이묘궐高頤墓闕 일두삼승의 초기 모습이 잘 남아 있다.

남북조시대에 오면 기둥 위에는 일두삼승이 짜여지고 기둥 중간 부분에는 인자공人字栱이라고 하는 人 자 형상의 받침재가 등장하게 되는데 운강석굴이나 천룡산석굴 입구에서 석조로 새겨진 모습을 확인할 수 있다. 당대에 오면 공포는 거의 완성 단계로 성숙된다. 첨차를 가리키는 공은 좌우 측면만이 아니고 전후 방향으로도 짜여서 밖으로 길게 내민 처마를 받치는 구조적 역할을 한층 강화한다. 첨차의 중첩도 3단 또는 4단까지 증대된다. 또한 하앙下昻이라고 하는 긴 경사재가 공포 상부에 설치되어 처마를 위로 들어 올리는 역할을 한다. 하앙 덕분에 당대 건축의 처마는 길게 내밀면서도 위로 치켜 올라갈

산서성 태원시 천룡산天龍山 석굴 16굴 일두삼승에 인자대공까지 갖춘 남북조시대 전형적인 공
포의 모습

수 있어서 훨씬 상승감 있는 외관을 갖출 수 있었다.

　대표적인 사례로 산서성의 불광사 대전을 꼽을 수 있다. 8세기 말
에 건립된 것으로 전하는 이 건물의 공포는 첨차가 4단으로 중첩되고
그 때문에 공포가 앞뒤 방향으로도 상당히 길게 내미는 효과를 만들
뿐 아니라, 하앙이 그 위에 놓여서 처마를 한껏 위로 치켜 올려준다.
이 건물에서 주목되는 부분은 기둥 사이에 설치된 공포이다. 이 부분

은 남북조시대에는 인자공이라는 간단한 받침재만 있던 곳인데, 여기서는 하단은 간단한 초각이 있는 받침이 있고 그 위는 2단으로 중첩된 공포가 짜여 있다. 송대에 가면 이 부분은 전체가 기둥 위와 마찬가지로 공포가 짜여지게 되는데 불광사에서는 그 전 단계의 모습을 보여준다. 불광사 대전은 기둥 높이가 5미터인데, 공포부 전체 높이가 그 절반인 2.5미터에 달한다. 이런 수치는 당대 건물에서 공포가 얼마나 큰 비중을 차지했는지를 잘 보여준다.

중국의 공포는 한동안은 중원 인근에서만 만들어졌지만 주변 지역

산서성 불광사佛光寺 동대전 공포 하앙을 갖춘 8세기 발달된 공포의 모습. 기둥 사이에도 공포가 짜여진 점이 주목된다.

나라시 호류지 금당 운형첨차 구름 모양의 독특한 첨차를 갖춘 점이 특이하다.

에 왕권이 형성되면서 점차 주변 국가의 건축에 전파돼갔다. 고구려 고분의 벽화에는 2단 또는 3단으로 중첩된 다양한 형상의 공포가 묘사되어 있는데, 특히 기둥 중간 부분의 인자공이 크게 강조된 양상을 보여준다. 안압지에서는 8세기경 제작된 공포 부재의 일부가 출토되었는데 그 형상은 당시의 당나라 공포와 거의 유사한 세부를 지니고 있어서 통일신라 때에 와서 당나라 식의 공포가 한반도에 확산되었음을 보여준다.

고대 일본은 불교 도입과 함께 본격적인 중국식 목조건물이 지어지고 거기에 필연적으로 공포가 나타나게 되는데, 초기에는 한반도와의 강한 유대가 엿보인다. 호류지 금당은 공포의 가장 이른 사례로 꼽힌다. 또한 그 모습은 후대에는 전혀 볼 수 없는 독특한 형상을 하고 있어서 많은 궁금증을 자아낸다. 이 건물의 공포는 첨차가 중첩된 형상 대신에 2단의 첨차가 하나로 합쳐지면서, 세부에 구름을 연상시키는 돌기가 묘사된 특이한 모습이다. 일본에서는 이를 구모가타히지키雲形肘木, 즉 구름 모양의 첨차로 부르는데 이런 구름 모양은 인근 호키지法起寺 3층탑 등에서 나타나지만 다른 건물에서는 전혀 확인이 안 된다. 8, 9세기 이후 일본 목조건물의 공포는 당나라의 공포와 흡사해진다. 즉, 주두 위에는 첨차가 2단 또는 3단 중첩되되 첨차는 좌우 방향은 물론 전후 방향으로도 교차하며, 첨차 상부에는 하앙이 놓여서 처마를 위로 들어 올려준다.

**봉정사
극락전의
공포와
화반**

경상북도 안동시 교외의 천등산 자락에 있
는 봉정사 극락전은 현존하는 우리나라 목
조건물 가운데 건립 시기가 가장 오랜 것
으로 알려져 있다. 이 건물이 언제 지어졌
는지는 확실치 않고 다만 건립 연대가 확
실한 1308년에 지어진 수덕사 대웅전보다 적어도 1세기 이상은 오래
되었을 것이라는 짐작만 하고 있을 따름이다.

이 건물이 현존 가장 오랜 건물로 평가되는 것은 공포와 화반의 형
상 덕분이다. 정면 세 칸, 측면 네 칸의 비교적 소박한 규모인 이 건물
은 기둥 위에 첨차가 중첩된 공포가 짜여지고, 공포와 공포 사이에는

경상북도 안동시 봉정사 극락전 공포 현존하는 가장 오랜 형식의 공포 세부를 갖추고 있다. 첨차 끝 마구리가 수직으로 잘려진 점은 다른 고려시대 건물에서는 볼 수 없다.

불꽃이 위로 솟아오르는 형상의 화반이 하나씩 배치되어 있다.

공포는 주두 위에서 첨차가 전후좌우 방향으로 직교하고 다시 그 위에 앞뒤로 긴 첨차가 한 번 더 직교하는 모습이다. 이때 좌우 방향의 첨차와 구분하기 위해서 앞뒤 방향으로 내민 첨차를 살미첨차 또는 그냥 살미라고 부른다. 또 아래 놓인 첨차를 소첨차, 위에 올려진 첨차를 대첨차라고 부른다. 첨차 끝 마구리가 수직으로 잘려진 점은 같은 시기 고려 후반기 다른 목조건물에서는 볼 수 없는 점이다. 이런 미세한 부분 외에 가장 돋보이는 부분은 이 건물의 화반이다.

화반이 놓인 곳은 공포와 공포 사이로, 당나라 석조물이나 고구려 고분의 벽화에서 보는 인자공이 놓이던 위치이다. 인자공 대신에 화반이 그 자리를 대신한 셈인데 그 형상이 특이하다. 전체는 마치 산을 형상화한 것 같기도 하고 화염이 위로 솟구치는 듯도 하다. 넓적한 아래쪽에서 위로 가면서 좌우 두 개의 돌기가 안으로 오므려지면서 솟아 있고, 중앙은 상부를 향해 솟구쳐서 소로를 받친다. 이 형상의 화반은 실내 대들보 위의 여러 곳에서 받침재로 반복해 나타난다.

봉정사 극락전의 공포는 중국의 당대 건물인 산서성 남선사 대전이나 불광사 대전과 유사한 점이 많다. 첨차의 형상이나 첨차가 좌우 방향과 전후 방향으로 교차되는 점에서 그런 공통점을 볼 수 있다. 봉정사 극락전과 중국의 당대 목조건물 공포에서 가장 눈여겨보아야 할 부분은 첨차의 교차부이다. 첨차는 일두삼승 식으로 첨차 위에 3개의 소로가 올라가고 그 위의 대첨차나 다른 부분들을 안정적으로 받치게 된다. 봉정사 극락전의 경우 첨차와 살미첨차가 교차하는 지점에는 소로가 놓여 있다. 그런데 불광사 대전에는 소로가 없고 대신 소로의 형상을 살짝 양각하여 흔적만 보이고 있고, 남선사 대전의 경우에는 아예 소로가 생략되어 있다. 불광사 대전과 같은 모습을 《영조법식》에서는 은출심두隱出心斗라고 적고 있어서 이런 방식이 상당히 보편화되었음을 보여준다.

이 부분을 일찍 눈여겨 살펴본 심대섭의 연구에 의하면, 봉정사 극락전처럼 첨차의 교차부에 소로가 짜여지는 것은 시대가 올라가는 방식이며, 이후에 소로의 흔적을 양각하는 방식이 나오다가 후대에 가면 아예 사라지게 된다고 한다. 그런 점에서 보면 봉정사 극락전의 공포는 중국에 남은 당대 건물보다 더 오랜

봉정사 극락전 화반 불꽃이 솟는 듯한 화반 모습은 9세기 일본 건축에도 나타난다. 봉정사 극락전이 현존 가장 오랜 목조건물로 인정되는 요소 중 하나다.

기법을 남기고 있는 건물인 셈이다. 더욱이 봉정사 극락전 살미의 소첨차와 대첨차는 두 부분이 각기 별개로 짜여지고 두 첨차 사이는 공간이 생겨 떨어져 있는데, 이처럼 위아래 살미가 별개로 공간을 두고 떨어져 있는 것 역시 유례가 많지 않다고 한다. 후대에 가면 살미첨차는 위아래가 붙어버리게 된다는 것이다. 이 부분도 봉정사 극락전이 갖는 고식古式의 특징이다.

화반의 경우에 봉정사 극락전 같은 형상의 화반은 8세기에서 10세기 사이 중국이나 일본 건축에서 유사한 모습을 볼 수 있다. 그 초기 모습은 돈황 제8굴 벽화에서 볼 수 있는데, 봉정사 극락전보다 더 완만한 산 같은 모양에 곡선 장식이 가미된 형상이다. 돈황 172굴에 가면 하부에는 화반 형상의 받침이 있고 상부는 주두와 첨차가 갖추어

복건성 현묘관玄妙観 낙봉 중국에서는 화반을 낙타봉으로 불렀다.

진 모습도 나타난다. 송대에 오면 정정 융흥사 전륜장이나 삭현 숭복사 미타전에서도 볼 수 있으며, 그 형상은 산처럼 생긴 삼각형 판재 주변에 초각이 새겨진 모습으로 나타난다. 중국에서는 이러한 받침재의 명칭을 타봉駝峰, 즉 낙타 봉우리로 쓰는데 그 형상이 낙타 등의 혹을 연상시키기 때문으로 보인다.

한편 일본의 경우 이런 공포 사이의 받침재는 더 널리 보편화되어 나타나는데, 이미 8세기 나라 도다이지 전할문에서 초기의 간단한 삼각형 받침 형상이 보이고 9세기 도쇼다이지唐招提寺 금당에서는 완만한 삼각형에 곡선 초각으로 발전한다. 9세기 호류지 서원 종루에 가면 한층 경사가 큰 삼각형의 받침 모습이 갖추어지면서 형상이 봉정사 극락전과 유사해진다. 일본에서는 이 받침재가 더욱 확대 발전하여, 11세기쯤 오면 받침재 가운데 부분을 비운 모습이 되는데 그 형상이 마치 개구리나 두꺼비가 넓적다리를 벌리고 앉은 모습을 연상시킨다. 실제로 일본에서는 이 받침재 이름을 가에루마타蛙股, 즉 개구리 넓적다리라고 부르고 있다. 가에루마타는 이후 19세기까지 지속적으로 만들어지고 또 점차 화려한 장식이 가미되어 공포와 함께 건물 외관을 치장하는 중요한 부분을 차지하게 된다.

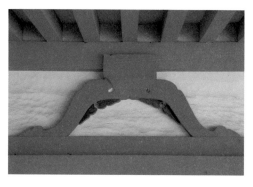

히로시마시 이츠쿠지마巖島 신사 본전 가에루마타 11세기 이후 일본의 화반. 개구리 넓적다리를 연상시키는 모습이다.

이처럼 화반 또는 중국의 타봉이나 일본의 가에루마타는 공포와 함께 건물 처마 밑을 장식하는 중요한 부재로 쓰였으며 봉정사 극락전은 그 형상으로 보면 9, 10세기 중국과 일본 건축과 공통된 특성을 보인다.

봉정사 극락전의 공포 부분을 관찰하다 보면 세부 곳곳에서 당나라 건축의 영향을 찾아볼 수 있다. 주두의 하단부가 날렵한 곡면을 이룬 모습은 물론 첨차의 기본적인 형상은 당대에 성행한 공포와 동일하다. 화반의 형상도 크게 보면 인자공에서 초각을 갖춘 삼각형으로 변화한 당대 세부의 연장선에서 이해할 수 있다.

7세기에서 9세기 사이 당 제국의 문화는 압도적인 권위를 갖고 동아시아를 이끌어갔다. 그것은 이미 단정한 비례와 완숙한 세부 표현으로 나타난 당대 불상에서 정평을 얻고 있으며, 건축 역시 궤를 같이 하였다. 봉정사 극락전의 공포와 화반은 한반도의 목조건물이 8, 9세기에 당의 성숙한 기법을 수용하면서 서서히 한반도의 토착적인 특징들을 살려나가는 과정을 잘 보여주는 점에서 역사적 가치를 찾아볼 수 있다.

공포가 전해주는 13, 14세기 동아시아 문화 교류의 양상

당대에 거의 완성 단계의 수준을 보여준 중국의 공포는 송·원대로 가면서 세부가 정돈되고 정형화돼갔다. 특히 당대까지 목조건축의 후진 지역이었던 장강 이남의 복건이나 절강 일대의 건축이 황하 유역과 거의 대등하거나 오히려 더 기술적으로 진보된 측면을 보이게 된다. 화북 지역이 여전히 두터운 흙이나 벽돌 벽으로 벽체를 보강하는 데 비해서 장강 이남은 순전히 기둥만으로 대규모 공간을 만들어냈으며 측면의 횡력橫力을 보강하는 데서 진일보한 기법을 보였다. 원대에 들어오면 공포는 오히려 간략화되는 경향을 보인다. 특히 목재 부족이 현실화되고 있었던 화북 지방에서는 하앙 같은 긴 부재를 생략하고 하앙의 흔적만 외부에 보이는 가앙假昂 같은 수법도 채택되었다.

한편 송대 이후로는 기둥 위만 아니고 기둥 사이에도 공포를 배열하는 방식이 점차 일반화되었다. 중국에서는 기둥 위 공포를 주두포작柱斗鋪作, 기둥 사이를 보간포작補間鋪作이라고 불렀는데 원대에 가면 궁전이나 불전 등 격식을 갖춘 건물은 거의 다 보간포작을 갖추는 방향으로 전개되었던 것이다.

고려는 송나라와 긴밀한 교류를 가졌다. 당시 중원의 북방은 요나라가 지배하고 있었기 때문에 송과의 교류는 주로 서해 바다를 통한 해상 교류가 주를 이루었고 고려인들은 장강 하류 명주를 기착지로 삼았다. 이 시기 복건이나 천주 등 장강 이남의 많은 상인들이 한반도 서해안을 통해 개성을 왕래하면서 활발한 상업 활동을 한 것은 잘 알려져 있다. 특히 송이 북방 유목민의 압력에 밀려 수도를 항주로 옮긴 남송 시기에 오면 이런 성향은 한층 두드러졌다. 이 시기 중국 남쪽 지역과의 활발한 교류를 단적으로 보여주는 건물이 충청도 예산의 수덕사 대웅전이다.

수덕사 대웅전은 건립 연대가 확실히 밝혀진 드문 건물이다. 20세기 초에 건물을 수리하다가 이 건물이 1308년에 지어졌다는 기록을 발견한 것이다. 수덕사 대웅전의 공포에서 가장 눈길을 끄는 부분은 첨차의 짜임 방식이다. 주두 위에 놓인 첨차와 살미첨차는 봉정사 극

충청남도 예산 수덕사 대웅전 공포 1308년에 지어진 이 건물의 공포에는 중국 복건 지방의 영향이 엿보인다. 화반이 없는 점도 주목된다.

락전처럼 서로 같은 길이로 되어 있지 않고 밖으로 내민 살미첨차가 길게 뻗어 있다. 살미첨차 위에 또 하나의 긴 살미첨차가 중첩되면서 길게 내민 외목도리를 받치고 있다. 이 건물에서는 처마를 될수록 길게 내밀고 길게 내민 처마를 살미첨차가 효과적으로 지지하도록 하려는 의도가 뚜렷하다.

더 색다른 부분은 중첩된 살미첨차를 주두 아래 기둥머리에서 돌출한 짧은 첨차가 받치고 있다는 점이다. 이 부분을 학자들이 헛첨차로 이름 붙였는데, 역할이나 생김새는 첨차인데 놓인 위치가 엉뚱한 데서 이런 이름이 생긴 듯하다. 이 헛첨차는 길게 내민 살미첨차를 하부에서 견고하게 붙잡아주는 역할을 한다. 주두의 하부는 곡면 아래쪽에 얇고 넓적한 받침이 가공되어 있다. 굽받침이라고 부른다. 이것도 봉정사 극락전의 주두와는 많이 다르다.

무엇보다 봉정사 극락전과 구분되는 점은 수덕사 대웅전에는 공포 사이에 화반이 없다는 점이다. 공포 사이 화반은 북위 시대 석굴이나 돈황 석굴에도 빠짐없이 등장하고 당대 건축에서도 중요하게 여기던 부분이며 9~10세기 한국이나 일본 건축에도 줄곧 나타나던 부분인데, 수덕사 대웅전에서는 사라지고 없는 것이다.

1308년 충청도 예산에 지어진 이 건물에 나타난 이런 색다른 요소는 어디서 나온 것일까? 이미 1950년대에 한 일본인 학자는 수덕사 대웅전의 세부가 중국 남쪽 복건 지방의 영향을 받은 것으로 보았다.[50] 마침 비슷한 시기에 일본에서도 수덕사 대웅전과 유사하게 첨차가 앞 방향으로 연속해서 뻗고 기둥에서 돌출한 헛첨차와 유사한 부분이 첨차들을 받치고 있는 건물이 지어졌는데, 그 기원을 복건 지방으로 추정하고 있었기 때문이었다. 1175년 나라의 도다이지가 불에 타자 이를 재건하면서 이전에 일본에서 하지 않던 새로운 구조 방식을 도입하였는데, 그 연원은 복건 지방 건축에 있다고 알려졌다.[51]

복건 지방은 태평양 연안을 낀 중국 동남부 지역에 위치하며 당나라 이전까지는 비교적 변방에 머물렀지만 송대에 들어오면 농업과 어업 생산이 늘어나 경제적 안정을 얻었다. 또한 고려와는 밀접한 인적 교류를 가진 지역이었다. 복건 지방에 남아 있는 송이나 원대 목조건물은 소수에 지나지 않지만 그 세부에는 수덕사 대웅전과 상호 유대를 확인할 수 있는 요소들도 적지 않게 보인다.

복주 화림사 대전(964)은 전면 개방된 툇간 상부에 첨차가 5단 중첩된 모습이 남아 있으며 근년 소개된 복건성 서남쪽 광주의 조경매암肇慶梅庵 대웅보전(996)은 화림사 대전과 유사한 공포 구성에 굽받침 있는 주두를 갖추었다.[52]

복주 화림사 대전 공포 수덕사 대웅전과 유사한 부분이 일부 보인다.

한편 수덕사 대웅전의 큰 특징 중 하나로 꼽히는 헛첨차는《영조법식》에서 '정두공丁頭栱'으로 언급하고 있으며 독락사 관음각의 평좌 부분이나 하북성 융흥사 전륜장각에서도 확인이 된다.[53] 헛첨차와 유사한 부재는 특히 복건 지방 건축에서 보편적으로 쓰여서 포전 현묘관 삼청전(1009년), 태령泰寧 감로암甘露庵 신전蜃殿(1147년)과 상전上殿(남송) 등에서 광범위하게 볼 수 있다.[54] 또한 복건 지방의 명·청대 건축에는 헛첨차를 갖추고 돌출한 첨차가 여러 단 중첩되는 세부를 비교적 흔하게 볼 수 있는데, 대표적으로 천주 개원사 대웅보전, 복주 고산 용천사 대웅보전과 재당齋堂에서 찾아볼 수 있다. 이들 명·청대 건물은 송·원대 세부 기법을 전승한 것으로 보아도 무방할 것이다. 이처럼 수덕사 대웅전의 공포 세부는 복건 지방 건축과 밀접한 연관성을 지니고 있다. 따라서 수덕사 대웅전에서 보는 색다른 공포의 세부는 서해 바다를 매개로 해서 흘러 들어온 새로운 문화의 한 현상이었다고 보아도 무리는 없을 것이다.

고려는 오랜 항쟁 끝에 1270년 결국 원에 굴복하고 부마국이 되었다. 이후 약 1세기에 걸쳐 고려는 문화적인 측면에서도 원의 직접적인 영향을 받았다. 원의 부마국이 된 이후 첫 번째 왕이 된 충렬왕은 원의 수도 대도大都에서 성장하여 공주와 결혼하고 나서 공주와 함께 처음으로 개경에 들어올 수 있었다. 이후 약 80년간 원의 정치 간섭기간 동안 여덟 임금이 원의 공주를 아내로 맞았다.

공주가 원에서 개경으로 올 때는 많게는 수백 명에 달하는 몽고인들이 동행했으며 그 가운데는 건축 장인들도 들어 있었다. 개경에는 몽고식 건축이 지어지고 원에서 유행하던 새로운 형식의 건축도 나타났다. 현존하는 대표적인 사례로 지금 국립중앙박물관 내에 있는 경천사지 10층 석탑을 들 수 있다. 《신증동국여지승람新增東國輿地勝覽》에 1348년에 원의 장인이 와서 탑을 지었다는 기사를 전하고 있는 이 탑의 주목되는 부분은 대리석으로 새긴 처마 밑 부분이다. 처마 밑에는 공포가 묘사되어 있는데 기둥 위는 물론 화반이 있어야 할 자리에도 공포가 가지런히 짜여진 모습이다. 이것은 당시 원나라에서 유행하던 보간포작을 갖춘 공포의 짜임새를 그대로 반영하는 것이다.

목조건물로는 황해도 연탄에 있는 심원사 보광전에서 실례를 볼 수 있다. 1374년 이색李穡이 중건했다고 전하는 이 건물의 공포는 원대에 중국 북부 지역에서 유행하던 형식을 취하고 있다. 이색은 중국에 사신으로 다녀온 경력이 있고 보광전 중건을 도울 때는 예문관 대제학을 지내며 한산군에 봉해진 당대 최고 귀족의 한 사람이었다. 따라서 이 건물은 중국의 유행을 적극 수용해서 지은 불전 중 하나였다고 말할 수 있을 것이다.

심원사 보광전에서 보는 것처럼 고려 말기에 오면 왕실은 물론 귀족층 사이에서 중국의 새로운 건축 형식을 수용하는 데 적극적이었다고 짐작된다. 이런 경향은 고려가 망하고 조선이 건국된 이후에도 달

황해북도 연탄 심원사 보광전 보간포작을 갖춘 현존 가장 오래된 다포 식 건물이다.

라지지 않아서 조선의 새 수도인 한양이 건설되는 과정에서도 그대로 이어졌다. 조선 초기 한양에 지어진 궁전이나 성곽의 출입문 시설, 왕실과 관련한 시설들은 대체로 원대에 유행하던 새로운 형식의 건축으로 지어진 것으로 보인다. 그 대표적인 사례로 1394년(태조 3)에 지어진 개성 남대문, 함경도 안변의 석왕사 응진전이 있는데 이 건물들은 하나같이 공포가 기둥 위는 물론 기둥 사이 과거 화반을 놓던 자리에도 가지런히 배열하는 모습을 보이고 있다.

한편 섬나라 일본에서는 장기간 해외 교류를 끊고 고립된 상태에

교토시 지온인智恩院 산문 보간포작을 갖춘 일본의 젠슈요 건물이다.

머무르다가 12세기 말경이 되면서 중국과의 교류를 부분적으로 텄다. 마침 이 시기에 도다이지가 불에 타자 이를 재건하기 위해 장강 이남의 대규모 건축들을 견학하고 이를 수용해서 성공적으로 전각을 지었다. 나라의 도다이지 남대문은 그 좋은 사례로 꼽힌다. 기둥을 도리 높이까지 올리고 중간에 누키貫라고 부르는 기둥을 관통하는 수많은 횡재를 연결한 방식이다. 또 다른 사람들은 당시 장강 유역에서 유행하던 선종을 도입했고, 선종의 교리와 함께 선종 사원의 제도나 건축술도 그대로 가져와서 재현해냈다. 중국의 선종 사원은 철저하게 보간포작을 갖춘 건물이었는데 자연히 일본의 선종 사원도 보간포작을 갖추었다.

당시 일본의 불교계는 밀교 계통이 주도권을 장악하고 있었으며, 밀교 사원들은 이전의 건축술의 전통을 견지하여 기둥 위에만 공포를 짜고 기둥 사이는 가에루마타라는 받침재만 올리고 있었다. 수적으로 보면 이런 밀교 계통 사원이 압도적으로 많았다. 그러나 당시 권력을 장악하고 있던 무인들이 선종을 선호하였기 때문에, 권력의 중심지였던 가마쿠라나 교토에 일종의 신건축이었던 보간포작의 건축이 속속 지어졌던 것이다. 일본에서는 기둥 위에만 공포를 짠 건물을 와요和樣라고 부르고 보간포작을 갖춘 건물은 젠슈요禪宗樣라고 부르고 있다.

이처럼 13, 14세기 동아시아는 활발한 인적 교류와 문화 교류를 통해 중국의 신건축이 한반도와 일본열도에 큰 영향력을 끼치고 있었으며 그것은 이 시기 고려와 일본 건축의 공포에서 가장 확실하게 나타났다고 볼 수 있다.

조선시대의
공포
포 식과 익공 식

명이 중원을 차지하면서 외국에 대해서 철저하게 사람들의 출입을 통제하는 정책을 폈다. 특히 바다를 통한 출입을 금지하는 해금海禁 정책을 강화했다. 이후로 중국과 한국, 일본은 극히 제한된 경우를 제외하고 상호 인적 · 물적 왕래가 차단되었다. 세 나라 건축의 공포 부분은 이런 대외적인 상황을 반영해나갔다.

명과 청의 공포는 거의 존재 가치를 잃을 정도로 위축되었다. 격식을 필요로 하는 건물에는 여전히 공포가 짜여졌지만 그 형태는 겨우 모양새만 갖추는 정도였고 비중도 작았다. 당나라 때 불광사 대전의 공포부 높이가 기둥의 절반 정도 높이를 가졌던 것과 대조적으로 명대의 공포는 거의 기둥 높이의 4분의 1 정도로 줄어들었다. 일본의 경우에도 모처럼 선종이 도입되어 중국의 보간포작이 도입되었지만 14세기 이후로는 거의 획일적인 형태로 정착되고 이후 거의 기술적 변화 없이 19세기까지 이어졌다. 보간포작을 갖춘 젠슈요는 선종 사원 외에도 일부 상류층의 사당이나 특별히 화려한 치장을 요하는 건물 출입문 같은 곳에 채택되었지만, 전체 건물에서 차지하는 비중은 높지 않았고 여전히 공포는 기둥 위에만 짜여졌으며 기둥 사이는 화반을 올리는 와요가 주를 이루었다. 와요 역시 이렇다 할 세부의 변화 없이 이전의 형식을 답습하는 데 그쳤다. 이런 상황과 견주어볼 때 조선시대 건축의 공포에는 중국이나 일본과 달리 지속적으로 미세한 세부 변화를 모색하고 변화를 추구한 노력이 엿보였다.

조선왕조 초기 약 100년간은 도성을 한양으로 옮기고 여기에 신왕조의 궁궐이나 성곽, 제사 시설 등을 세우는 등 활발한 건축 활동이 있었다. 이때 궁전이나 성문, 왕실 관련 건물들은 대개 고려 말에 원을 통해 도입된 보간포작을 갖춘 공포를 갖춘 모습으로 지어졌다. 서울의 숭례문은 도성 축조와 때를 맞추어 지어졌다가 1447년에 다시 지어진 건물이며 이 시기 보간포작을 갖춘 대표적인 사례에 꼽힌다. 지방의 소규모 관청이나 산간의 불교 사원들은 그 전에 유행하던 소박한 형태의 세부를 갖추었는데 그 모습은 수덕사 대웅전에서 보는 것과 유사했다. 다만 이 시기 건물들은 수덕사 대웅전보다는 건물 규모가 작은 편이었기 때문에 공포도 수덕사 대웅전 것보다는 더 축소하거나 간략화한 정도에 그쳤다. 순천 송광사 국사전이나 강진 무위사 극락전, 안성 객사 정청 등이 대표적인 사례다.

고려 말에서 조선 초기 사이에 한반도에 지어진 건축은 공포를 짜는 방식에서 보면 크게 두 가지 형식으로 양분되어 있었다고 말할 수 있다. 하나는 원의 영향으로 보간포작을 갖춘 것이고 다른 하나는 수덕사 대웅전을 비롯해서 조선 초기 송광사 국사전이나 무위사 극락전에서 보는 방식이었다.

20세기에 들어와 한국의 건축을 조사하고 연구하기 시작한 것은 일본인 학자들이었다. 그중 스기야마 신조杉山信三는 고려 말 조선 초기 건축을 공포를 기준으로 해서 공포가 기둥 위에만 있는 것을 성근 짜임이라는 뜻의 소조疎組, 기둥과 기둥 사이에도 있는 것, 즉 보간포작을 갖춘 것을 채워진 짜임이란 뜻의 힐조詰組라고 이름 붙였다.[55] 이것은 다분히 당시 일본 건축의 양대 형식으로 통칭되던 와요와 젠슈요의 구분 방식을 염두에 둔 것이었다. 스기야마의 이 분류 체계는 이후 한국 목조건축 형식 분류의 기본으로 자리 잡았다. 다만, 명칭에 있어서는 소조라는 말 대신 주심포柱心包, 힐조 대신에 다포多包라는 새로운 조어를 썼다. 이 신조어가 처음 쓰여진 것은 1955년에 발간된 《미술고고학용어집-건축편》이 최초인 것으로 보인다.[56]

그런데 조선시대 건축은 16세기경에 들어와 이전에 없던 새로운 유형을 만들어내는 방향으로 전개된다. 그것은 기둥 위에 아주 간단한 돌출한 받침재를 두는 것이다. 춘천 청평사 회전문이나 강릉 해운정, 해인사 장경판전의 부속채 등에서 볼 수 있다. 받침재는 기둥머리 부분에서 안팎으로 짜여지면서 그 위에 놓이는 보머리를 받쳐주거나 때로는 받침재가 중첩되면서 처마 일부를 지지한다. 이들 받침재는 비록 짜이는 부재는 크기도 얼마 안되고 형태도 단순하지만 기둥 상부를 안정적으로 붙잡아주는 효과 면에서는 오히려 각 부분이 분리되어 있는 소위 주심포 식보다 이점이 많아 보인다. 그래서인지 이런 방식이 나타나면서 주심포 식은 급격히 쇠퇴하기 시작해서 17세기경에 오면 공포는 보간포작을 갖춘 방식과 이 간략화된 받침재를 쓰는 방식 두 종류만이 살아남게 된다.

이 간략화된 받침재 방식은 17세기로 넘어가면서 받침재 크기가 커지고 처마를 지지하는 기능이 강화된 형태로 발전하는데, 1608년에 완성된 서울 종묘 정전이 좋은 예이다. 종묘 정전은 주두 위에 2단의 받침이 짜여서 돌출한 외목도리를 받치고 있어서 과거 주심포 식이 수행하던 구조적 기능을 상당 부분 소화해내고 있는 모습이다. 유사한 모습은 서울 사직단 정문에서도 볼 수 있다. 이후 17세기 중반으로 넘어가면 궁궐의 부속 건물에서부터 불교 사원의 소규모 전각, 관청, 서원이나 향교의 사당 등에서 광범위하게 나타난다. 반면에 궁궐

서울 종묘 정전의 익공 식 공포 1608년에 다시 지어진 건물이며, 익공 식의 전형을 보여준다.

정전이나 불교 사원의 불전 등 화려한 치장을 요구하는 건물에서는 이전과 같이 보간포작을 갖춘 형식이 채택된다. 다만, 17세기 이후에 와서 이런 화려한 치장을 하는 보간포작의 건축은 수적으로는 열세에 머물게 된다.

조선시대 공포를 언급한 각종 문헌 기록에서는 '포包'와 '익공翼工' 두 가지만 나타난다. 포집과 익공집을 지칭하는 것으로 이해된다. 포집은 보간포작을 갖춘 건물이고 익공집은 간단한 받침재만 갖춘 것이다. 익공이라는 용어는 18세기 이후의 의궤에서 볼 수 있는데 17세기에는 엽공葉工, 입공立工 같은 호칭이 쓰였다. 아마도 초기에는 받침재 형상을 나뭇잎 모양으로 인식하거나 단순히 세워놓은 받침재로 부르다가 이후에는 새 날개 형상으로 통일한 듯하다.

한국 건축의 개설서류에서 말하는 바로는 한국 건축의 공포 형식은 고려 말부터 있었던 주심포 식과 다포 식이 있고, 여기에 16세기 이후에 익공 식이 추가되는 것으로 이야기된다. 그런데 여기서 약간의 혼란이 발생한다. 왜냐하면 주심포 식과 익공 식은 둘 다 기둥 위에만 공포가 짜여지는 점에서는 동일한 방식이기 때문이다. 또 어떤 건물은 이것을 주심포 식으로 분류해야 할지 익공 식으로 해야 할지 구분이 모호한 경우가 제법 있다. 그 때문에 종종 한 건물을 두고 이를 주심포 식이라고 설명하는 책도 있고 익공 식이라고 적은 책도 나와서 혼란을 일으킨다. 내 생각으로는 시간 개념을 도입해서 보간포작을 갖춘 다포 식은 고려 말부터 조선 말까지 줄곧 존재해온 형식으로 보고, 기둥 위에만 공포가 짜여지는 것은 고려 말에서 조선 초기약 200년 동안은 주심포 식으로 존재하다가 16세기 이후로는 익공식으로 대체된 것으로 정리하면 혼란이 없어질 듯하다. 더 나아가서 건축 형식의 분류를 공포만을 대상으로 해서 구분하는 방식에서 탈피해서 건물의 전체 짜임 방식에서 새로 출발할 필요도 있지 않나 생각된다. 앞으로의 논의가 필요한 부분이다.

**화반에
나타난
조선 장인의
낙천성**

익공은 비교적 단조롭다. 기둥머리에 새 날개 모양의 장식이 가미된 받침재가 올라가기는 하지만 다포 식에 비하면 외관이 빈약하다. 이런 외형상의 빈약을 보충해주는 부분이 화반이다. 화반은 익공 식 건물에서 빼놓을 수 없는 중요한 부분인데 상부의 무게를 아래로 전달해주는 역할도 있지만 특히 그 장식적 처리가 주는 효과 때문이다.

화반은 수덕사 대웅전에서 사라져서 조선 초기 주심포 식 건물에서 한동안 나타나지 않았지만 이후 익공이 보편화되면서 다시 등장한다. 화반은 17세기경까지만 해도 장식이 많지 않고 형태도 단순한 편

전라북도 남원시 광한루 화반 18세기 이후에 가면 화반은 크기가 커지고 장식이 화려해진다.

이었지만 18세기 중엽 이후로 가면서 장식이 커지고 19세기로 넘어가면 표현하는 소재도 다양해지고 장식도 과다해지는 경향을 보인다.

19세기 궁궐 침전은 규모가 큰 익공 식 건물이며 기둥 사이에는 예외 없이 화려한 곡선으로 이루어진 화반이 올려져 있다. 지방으로 가면 18, 19세기 향교 누각이나 관청, 소규모 사찰에서 장식 가득한 화려한 화반을 쉽게 만나게 된다. 밀양 향교 풍화루는 꽃이 활짝 핀 모습을, 의성 대곡사 범종각은 옆으로 길게 퍼진 만개한 꽃을 새겨놓았다. 귀면鬼面도 화반의 중요한 테마로 등장하는데, 선산 객사를 비롯해서 소규모 열녀를 추모하는 정각 같은 건물에 의외로 요란한 화반을

전라북도 남원시 광한루 화반 서민들이 좋아하는 설화에서 화반의 장식 소재를 끌어오기도 했다. 별주부전을 소재로, 거북이 등에 올라타고 용궁을 향하는 토끼의 모습을 새겼다.

갖춘 경우도 보인다. 남원 광한루 화반은 거북이 등을 탄 토끼 모습이 있다. 별주부전을 형상화한 셈이다. 이 밖에도 코끼리 형상, 게 형상을 비롯해서 무궁무진한 화반들이 지방 각지의 건물들을 장식하고 있어서 가히 화반의 전성기라 할 만하다. 이런 화반 장식은 건축주들의 취향도 반영하지만 장인들의 작업 여건도 큰 영향을 미쳤다. 조선 후기 화반들을 관찰하다 보면 그 재기발랄하고 엉뚱한 상상력과 거칠면서 힘찬 표현력, 그리고 이런 화반을 건물에 거침없이 치장한 장인들의 낙천적 심성을 고스란히 느끼게 된다.

조선 후기에 들어와 장인들이 작업하는 여건은 점차 관청의 통제가 느슨해지고 민간인 신분으로 자유로운 영업 활동을 하는 방향으로 변화해나갔다. 또한 철물 생산이 늘어나면서 장인들이 사용하는 연장도 다양해졌다. 그에 따라 장인들이 건물 세부를 다루는 기술도 크게 향상되었다. 반면에 장인들의 조직은 조선 초기처럼 고위 관직에 오르거나 높은 법계를 지닌 대목이 공사 전체를 통솔하던 단계를 지나 각 전문 분야마다 편수가 조직되어 여러 직종의 편수가 각기 자기가 맡은 분야를 전담하는 상황으로 바뀌었다.

이런 여건에서 장인들의 솜씨가 발휘되는 부분은 건물 전체의 안정감이나 통일감보다는 세부의 치장에 국한되어 나타날 수밖에 없었다. 화반이 조선 후기 건축에서 중요하게 관찰되어야 하는 이유가 여기 있다고 하겠다. 덧붙여 통일성이나 획일성을 기피하는 개성이 강한 우리나라 사람들의 기질도 이런 다양한 표현에 한몫을 했다고 생각되는데 이런 점은 획일성이나 형식화를 선호하는 일본의 장인과 대비된다.

이와 관련한 에피소드 한 가지를 소개하자. 80년대 초에 한국대사관에 근무하던 일본인 지인에게 들은 이야기다. 당시 서울 강남에는 일본식 횟집이 조금씩 늘어나고 있었고 한 식당이 일본에서 경력 오랜 주방장을 데려왔다. 이 주방장은 한국에도 자기 제자를 둘 심산으로 한국인 젊은 요리사에게 회를 다루는 방식을 가르쳤다. 숙성 시간을 지키는 것에서부터, 회의 크기나 두께를 한 치 오차 없이 잘라내되 모든 과정을 정해진 순서에 따라서 하도록 했다. 청년은 짧은 시간에 주방장의 가르침을 소화해냈다. 일본에서도 몇몇 청년을 가르쳤던 주방장은 한국 청년의 명민함에 감탄했다고 한다. 그런데 시간이 지나면서 일이 익숙해지자 청년은 주방장이 가르친 방식대로 따르지 않고 자기 식으로 일을 했고 이를 나무라는 주방장의 주의도 잘 따르지 않았다고 한다. 스승의 가르침을 그대로 따르는 것을 철칙으로 여기던 주방장은 크게 실망하여 청년을 내보내고 다른 한국 청년을 받아서 일을 가르쳤지만 결과는 마찬가지였다는 것이다.

일본인들이 자기 감정을 드러내지 않고 정해진 규칙을 잘 따르는 것은 잘 알려진 점이지만, 그것은 생선회를 뜨는 데서나 건축을 만드는 과정에서도 마찬가지라고 하겠다. 그에 비하면 한국 사람들은 감정 표현이 강하고 규칙을 지키는 면에서도 상대적으로 느슨한 편이 아닌가 생각된다. 그것은 생활의 여러 면에서도 엿보이고 집을 짓는 데서도 종종 발견되는 현상이다. 이런 특성은 한편으로는 엄격하게 정돈되지 못하고 치밀하지 못한 부정적인 결과로 이어지기도 하지만 다른 한편으로는 개성 있는 창의성을 만들어내는 긍정적인 측면도 많다. 건축의 경우를 보면 동일한 형태를 반복하지 않으려는 자세가 뚜렷이 나타나고 의도적으로 획일성을 피하려는 점을 찾아볼 수 있다. 그것은 공포의 구성에서도 잘 드러난다. 공포는 많은 작은 부분들이 모여서 큰 보자기 같은 포를 짜게 되므로 작은 부분들이 서로 동일한 크기나 형태를 반복하는 것이 중요하다. 그러나 한국 건축의 공포는 반드시 이런 원칙에 얽매이지 않고 다양하면서도 불규칙한 세부들이 조합을 이루는 경우가 흔하다. 또 동일한 형태의 공포를 다른 건물에서 반복하는 경우도 거의 볼 수 없다. 화반의 경우에는 기능이나 형태가 단순하기 때문에 오히려 그 변형이나 개성을 드러낸 창작이 훨씬 자유로운 속성을 지니고 있다. 그런 점에서 조선 후기 화반은 개성이 강하고 다양성을 강조하는 한국 건축의 특성을 잘 보여주는 중요한 요소 중 하나인 셈이다.

원조만이 누릴 수 있는 자유, 중국의 공포

중국 산서성 대동시에 있는 선화사는 송대 건물이 남아 있는 대표적인 유적 중 하나이다. 1980년대에 처음 중국을 가서 이 절을 방문했을 때 눈이 번쩍 뜨인 부분이 있었는데 절 중심부에 있던 삼성전의 공포였다. 삼성전 공포는 그때까지 한 번도 본 적이 없는 첨차가 45도 각도로 짜여진 모습이었다. 중국에서는 공포를 이렇게도 짜는구나 하고 감탄한 기억이 새롭다. 우리나라나 일본에서 첨차를 45도 각도로 짠 사례는 알려진 것이 없다.

중국에서는 이런 45도 각도 첨차를 지닌 공포를 사공斜栱이라고 부르는데 선화사뿐 아니고 제법 여러 건물에서 흔하게 볼 수 있다. 전각포작뿐 아니고 중국의 지방 도시에 가면 소규모 사당이나 도교 사원 같은 곳에서 기발한 형태의 공포를 접할 수 있다. 첨차 전체가 꽃 모양으로 초각된 것에서부터 옆으로 길게 뻗은 것도 있고 첨차가 코끼리 코 형상을 한 사례도 있다. 주로 명·청대에 지어진 소규모 건물들이기는 하지만 어떤 법칙에 구애받지 않고 자유자재로 공포 부재를 변형시키기도 하고 응용하기도 하여 변화를 추구한다. 이에 비해서 한국이나 일본 건축의 공포는 정형에서 벗어나는 경우는 별로 없다. 특히 일본의 경우는 와요와 젠슈요의 두 가지 형식을 기본으로 하고 간혹 두 형식의 절충식이 보이는 정도에서 정형화했다. 우리나라의 경우에는 일본에 비하면 정형화에서 벗어나는 측면이 많이 나타나지만 그 한계도 분명하다.

음식점 중에 원조를 강조하는 곳이 있다. 주변에는 진짜 원조라고 우기는 간판도 보인다. 원조 음식이란 다양한 시도 끝에 어떤 새로운 메뉴를 처음 개발하여 사람들에게 인기를 끌었을 때 붙이게 마련인데, 새로운 메뉴가 성공에 이르기까지는 무수한 시행착오와 실패가 따른다. 따라서 진정한 원조는 그 메뉴의 속성을 잘 알고 있으며 얼마든지 메뉴를 새롭게 응용할 수 있는 가능성을 갖고 있다. 어설프게 어깨너머로 보고 흉내 낸 가짜는 따라올 수 없는 경지에 이른 것이 원조라 하겠다.

중국인들은 공포를 창출하기 위해 다양한 시도를 경험했고 공포에 일정한 격식이 완성된 이후라도 언제든지 색다른 방향으로 공포를 만들어낼 가능성을 지니고 있었다고 생각된다. 삼성전의 전각포작이나 지방 사당의 코끼리 코 형상의 첨차도 이런 여유 속에서 창출된 것이라고 하겠다. 그에 비하면 어깨너머로 공포를 배운 한국이나 일본의 장인들은 한번 흉내 낸 공포의 틀에서 벗어나지 못하고 형식에 얽매여 있을 수밖에 없었다고 생각된다. 중국 건축의 다기다양多機多樣한 공포는 원조만이 누릴 수 있는 자유의 산물인 셈이다.

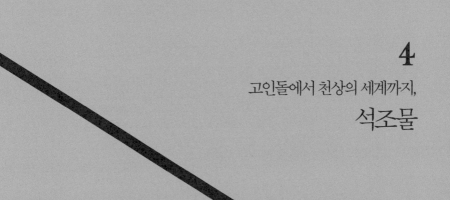

4

고인돌에서 천상의 세계까지,

석조물

화강석의
문화

이 장에서는 잠시 이야기를 나무에서 돌로 옮기기로 한다. 인류가 이루어놓은 기념비적인 건축물은 크게 돌과 나무, 그리고 벽돌로 이루어졌다고 말할 수 있다. 그중 동아시아 사람들은 주로 나무로 건축물을 지었다. 그렇다고 돌이나 벽돌을 전혀 다루지 않은 것은 아니어서 중국에서는 벽돌로 수십 미터 높이의 불탑을 세웠고 돌은 중국, 한국, 일본이 모두 적극적으로 건축 재료로 활용했다. 중국은 기원전부터 돌로 무덤을 축조하고 다리를 놓고 성곽을 쌓았으며 그중에는 뛰어난 예술성을 갖춘 조형물이 적지 않다. 6세기 북제北齊 시대에 세운 하북성의 희자혜 석주石柱는 무덤 앞에 세운 묘표(묘의 유래를 적은 글)의 일종으로, 초석과 기둥 몸체, 지붕 세 부분으로 된 길이 6.6미터의 석회암 조형물이다. 엔타시스entasis가 있는 기둥 몸체의 당당한 외관과 기와골을 묘사한 우진각 지붕이 돋보이는 조형물이다. 또 7세기 초 하북성 조현에 세운 안제교는 교량 길이 37미터에 달하는 아치형의 석교로 수나라의 뛰어난 석조 기술과 교량 공학의 대표작으로 꼽힌다. 일본도 고대의 무덤을 비롯해서 근세의 성곽에 이르기까지 석조건축물에서 남겨놓은 유적이 적지 않다. 그러나 동아시아 건축에서 돌을 이야기한다고 하면 한반도에서 이루어놓은 성과를 지나치고 넘어갈 수는 없다. 한반도의 석조건축은 인근 두 나라의 그것과는 차원이 다른 예술적 성취를 달성했으며 그 기술은 단연 월등한 수준에 도달해 있었다는 점을 강조하지 않을 수 없다.

한마디로 돌이라고 하지만 그 종류가 다양하다. 그리스나 로마 신전을 치장한 미려한 대리석에서부터 프랑스, 독일 등의 거대한 종교시설을 이룬 석회암, 스칸디나비아반도의 단단한 화강암을 비롯해 구멍이 숭숭 뚫린 제주도 돌하르방의 소재가 되는 화산암까지 형태나 재질이 천차만별이다. 한국 건축에 쓰인 가장 흔한 돌은 화강암이다. 지구 내부의 마그마가 상승하면서 단단하게 굳은 것을 화성암이라고 부른다는데 지표면까지 올라와서 굳은 것이 구멍이 많은 화산암이고 땅속에서 분출을 멈추고 굳어지면 화강암이 된다고 한다. 화강암은 재질이 단단해서 큰 힘을 지탱할 수 있기 때문에 세계 전역에서 건축 용재로 즐겨 이용되었다.

동아시아에서는 중국이나 일본열도도 화강석이 산출되지만 특히 한반도는 질 좋은 화강석이 풍부한 곳으로 알려져 있다. 그 때문에 일찍부터 화강석을 건축 용재로 적극 활용하였다. 그 기원은 멀리 선사 시대로 거슬러 올라간다.

고대
석조 무덤의
상징성

유네스코 세계문화유산 목록에 등재된 우리나라 유산 중에 경기도 강화, 전라북도 고창과 순창에 있는 고인돌이 들어 있다. 고인돌은 청동기시대 부족의 족장이나 그 가족의 무덤을 가리키는데 한자어로 지석묘支石墓라 쓴다.

강화도에 있는 고인돌은 하부에 고임돌을 세우고 그 위에 크고 넓적한 뚜껑돌을 올린 것으로 멀리서 보면 그 형상이 마치 탁자와 같다. 고임돌 안에 피장자의 시신을 모셨다. 반면 고창이나 순창의 고인돌은 땅속에 시신을 묻고 그 위에 작은 고임돌을 놓고 다시 커다란 돌 하나

황해남도 은율 지석묘 한반도에서는 이미 청동기시대에 화강석에 의한 거대한 조형물을 만들어 냈다.

를 올려놓는 방식이었다. 그런 형상 때문에 앞의 것을 탁자식 지석묘, 뒤의 것을 바둑판 같다고 해서 기반식碁盤式 지석묘라고도 부른다.

한반도 고인돌 가운데 가장 돋보이는 것은 북한 지역인 황해도에 있다. 황해도 은율군 관산리에는 탁 트인 언덕 위에 거대한 탁자를 세 워놓은 듯한 모습의 고인돌이 있다. 화강석으로 된 뚜껑돌의 크기가 가로 8.7미터, 세로 4.5미터에 달한다. 무게로 치면 40톤은 족히 나간 다고 한다. 인근 안악군 로암리, 배천군 용동리에도 비슷한 크기의 고 인돌이 있다.

고인돌은 단순한 무덤이 아니다. 자연재해나 질병, 다른 부족의 침략 등에 대한 불안감이 컸던 부족이 자신들을 이끌던 족장의 무덤을 장대하게 꾸며 사후에도 부족을 지켜주기를 기원하는 소망이 담겨 있다. 따라서 그 형태는 강렬한 인상을 줄 수 있는 상징적인 것이 될 필요가 있고 또 오래 보존되어야 했다. 그런 소망을 실현시키기 위해 화강석이 활용되었다. 화강석으로 만들어낼 수 있는 가장 단순하면서도 상징적인 형태로 꾸며진 것이 고인돌이었던 셈이다. 변변한 도구도 없던 시절에 어떻게 이런 거대한 돌을 옮기고 고임돌을 세우고 뚜껑돌을 올렸는지 쉽게 상상이 가지 않는다.

고인돌은 중국 북부 지역이나 일본 규슈, 멀리 인도네시아에도 분포하고 있지만 한반도에 가장 많이 집중되어 있고 그 형태나 규모에서 단연 압도적이다. 강화도와 고창, 화순의 고인돌이 유네스코 세계문화유산 목록에 오른 것도 그런 배경에서이다. 특히 탁자식 고인돌이 갖는 단순하면서도 상징적인 형태는 원시적 조형의 강렬한 힘을 유감없이 발휘한다.

기원전 1000년을 전후한 청동기시대를 거쳐 기원전 3, 4세기 철기시대로 넘어가면서 한반도에도 고대 왕국이 형성되었다. 1세기경 한반도 북부에는 강력한 군사력을 지닌 고구려가 자리 잡았다. 고구려는 인접한 중국과 대치하면서 독자적인 문화를 펼쳐간 것으로 알려져 있는데 그런 성과 중 하나로 집안에 있는 피라미드 식 무덤을 꼽을 수 있다. 고구려 수도였던 집안의 국내성 북쪽 환도산성 아래에는 계곡을 따라 수십 기에 달하는 고구려 귀족들의 무덤이 산재해 있는데 그 모습이 하나같이 네모반듯한 단을 여러 층 쌓아올려 마치 이집트 파라오의 무덤인 피라미드를 축소해놓은 듯하다. 이들 무덤군에서 조금 떨어진 곳에 압도적으로 큰 규모로 쌓은 피라미드 식 무덤이 장군총이다.

장군총은 412년에 죽은 광개토대왕의 무덤이라는 설이 있고 또 그보다 이른 장수왕의 무덤이라는 설도 있지만 아직 결론은 나지 않았다.[57] 대체로 5세기경 고구려 왕의 무덤인 점은 분명해 보인다. 잘 다듬은 화강석을 가지고 전체 7단의 피라미드 식 무덤을 축조했는데 밑변 한 변 길이는 약 30미터이고 전체 높이는 11.3미터 정도다. 4단째 남서 면에 관을 안치하는 석실을 꾸몄다.

같은 시기 고구려와 국경을 맞대고 있던 중국 여러 왕조의 무덤은 흙으로 커다란 봉분을 쌓은 형태여서 고구려의 석재 피라미드와 전혀 달랐다. 고구려의 피라미드 식 무덤이 갖는 독창성을 찾아볼 수 있다. 독창성과 함께 눈길을 끄는 것은 석재를 다루는 정교한 기술과 힘찬 조형물을 만들어내는 대담함이다.

장군총의 돌은 표면이 마치 숫돌로 갈아낸 듯이 평탄하고 고르다. 모서리는 1,500년 세월이 지난 지금도 날카로운 직각을 유지하고 있다. 7단을 이룬 각 단은 3, 4개 장대석을 쌓아 올렸는데 돌들은 위로 가면서 조금씩 안쪽으로 물려서 쌓았다. 한반도 성곽에서 흔하게 보

길림성 길림현 장군총 5세기 고구려인들의 거대한 석조 축조 기술과 정교한 석재 가공 기술을 보여준다.

는 소위 퇴물림 기법이 이미 장군총에서 보인다. 장군총 옆에는 후궁의 묘실로 추정되는 작은 무덤이 있는데, 묘실 뚜껑을 이루는 천장돌의 아래쪽 모서리는 길게 홈이 파져서 빗물이 아래로 떨어지는 것을 방지하도록 했다. 건축에서 말하는 물끊기라는 것인데, 이런 세심한 가공이 5세기 집안의 무덤에서 이루어졌다. 이런 기술은 하루아침에 나타나거나 다른 사람이 고안해낸 것을 슬쩍 베껴서 터득할 수 있는 것이 아니다. 오랜 세월 돌을 다루면서 쌓은 경험과 대대로 이어져 내려온 기술이 아니고는 만들어낼 수 없는 것이다.

장군총은 완만한 경사를 이룬 산기슭에 자리하고 있다. 앞에는 넓은 들판이 펼쳐져 있다. 지금도 무덤 앞에 서면 그 당당하면서 우뚝한 형태에 저절로 마음이 졸아든다. 피장자가 누구였던 간에 지배자의 존재를 한껏 후대 사람들에게 과시하려는 조형 의지가 잘 드러나 있다. 근처에 무너져 내렸지만 유사한 형태의 무덤이 더 있고 인근에 유명한 광개토대왕 비석이 서 있다. 이런 피라미드 식 무덤이 이 일대에 널리 만들어졌던 셈이다.

고구려 피라미드 식 무덤은 이후 백제인들에게 계승되었다. 서울 한강 남쪽 잠실역 근처의 석촌동이라는 곳에 아파트들이 즐비한 동네 한가운데 백제 적석총으로 불리는 무덤군이 있다. 송파나루 아래 백제인들이 모여 살았다고 전하는 이곳에는 훨씬 더 많은 무덤들이 있었지만 지금은 시가지로 조성되면서 몇 기만이 상징적으로 보존되고 있다. 규모는 물론 돌 다루는 기술도 뒤지지만 화강석에 의존한 상징적인 무덤을 만들려는 조형 의지는 끊이지 않고 이어진 셈이다.

석탑의
나라

부처님 사리를 모신 상징물을 탑(스투파)이
라고 부른다. 불교를 신봉하던 나라는 어
디서나 탑을 세워 예배의 대상으로 삼았
다. 같은 불교 신봉 국가 중에도 우리나라
는 특히 돌로 탑을 만든 석탑이 많은 나라
로 손꼽혔다. 화강석을 다루던 뛰어난 솜씨가 이번에는 돌로 탑을 만
드는 일에서 그 탁월한 성과를 이룬 것이다.

2014년 12월까지 문화재청이 지정한 우리나라 문화재 가운데 석
탑은 국보가 27점, 보물이 154점에 달한다. 부처님을 모신 불전 건물
중에 국보로 지정된 목조건물이 불과 12동, 보물이 67동인 것과 비

교하면 우리나라에서 석탑이 얼마나 큰 비중을 차지하고 있는지 쉽게 짐작할 수 있다. 불상을 모신 목조건물의 두 배가 넘는 양의 석탑이 국보나 보물로 보존되고 있는 것이다. 돌로 탑을 만드는 사례는 이웃한 중국이나 일본에서는 흔하지 않다. 우리나라를 석탑의 나라라고 부르는 것이 공연히 나온 말이 아님을 증명해준다.

불교가 전파되던 초기에 가장 중요한 신앙 대상은 석가모니 사리를 모신 탑이었다. 인도의 탑은 거대한 반구형 봉분 형태였으나 이것이 중국으로 넘어오면서 중국 누각 형태로 바뀌게 되었고 한반도에서도 중국 누각식 탑을 세우는 것이 정착되었다.

목조로 이루어진 불탑은 세월이 지나면 기울어지거나 퇴락해 무너지기도 하였다. 부처를 상징하는 건축물이 퇴락해 무너지지 않도록 하려는 시도가 나타났다. 중국인들은 불탑을 벽돌로 세우는 방안을 냈다. 황하 인근에는 양질의 고운 흙이 지천에 있었으므로 이 흙을 구워 벽돌을 쉽게 만들었는데 이를 이용해서 세월이 가도 잘 버틸 수 있는 탑을 만든 것이다. 황하 중류 당나라 수도였던 서안에 있는 대안탑은 으뜸가는 예로 꼽힌다.

질 좋은 화강석을 쉽게 구할 수 있고 또 돌 다루는 기술이 뛰어났던 한반도의 기술자들은 돌로 탑을 세우는 방안을 강구했다. 7세기 초 백제 무왕이 익산에 세운 미륵사의 경우 중앙에는 목조탑을 세우고 그 좌우에는 돌로 된 탑을 세웠다. 이 동서 석탑은 현존하는 우리나라 석탑 가운데 건립 시기가 가장 이른 것으로 추정된다. 탑이 세워지고 1,000년 이상 세월이 흐르면서 중앙의 목조탑은 물론 동쪽의 석탑은 흔적도 없이 사라졌다. 그러나 서쪽 석탑만은 중간에 몇 차례 수리를 거쳐 상층 3분의 1쯤이 사라진 채 살아남았다.

남아 있는 미륵사 서석탑의 모습을 보면 본래 목조로 탑을 세우면서 기둥을 세우고 보를 걸치던 흔적이 돌에 잘 표현되어 있다. 지붕도 처마 끝을 살짝 들어 올리던 수법이 그대로 재현되어 있고 처마 밑에는 공포의 흔적이 돌로 간략하게 표현되어 있다.

목조의 흔적은 세월이 가면서 점차 사라지게 마련이다. 돌을 다듬는 장인들은 억지로 목재 흔적을 남기기보다는 돌에 가장 적합한 형태로 새롭게 바꾸어나간다. 부여 시내에 있는 정림사 터에도 백제인들이 만든 5층 석탑이 있다. 이 석탑도 지붕 처마 끝선은 약간 들어 올리고 처마 밑에는 공포의 흔적이 약간 남아 있다. 그러나 그 처리는 훨씬 단순해졌다. 대신 탑의 몸체는 돌의 특성을 살려 밋밋한 형상이 되었다. 세월이 흐르면서 석탑은 더 돌에 적합한 모습으로 단순화되어 통일신라시대에 들어오면 완전히 목조에서 벗어난 형태로 전국으로 확산되게 된다. 경주의 감은사 3층 석탑이나 불국사 석가탑에는 목조의 흔적은 거의 사라지고 없고 탑의 형태는 몸체나 지붕이나 돌이 갖는 특성에 가장 적합한 모습으로 우리 앞에 서 있다.

전라북도 익산시 미륵사지 서석탑 기둥과 창방, 곡선 지붕 등 목조건축의 세부를 석재로 형상화한 국내 가장 이른 시기의 석조탑이다.

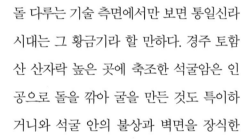

돌로 재현한
목조의
세부
불국사 석축

돌 다루는 기술 측면에서만 보면 통일신라 시대는 그 황금기라 할 만하다. 경주 토함산 산자락 높은 곳에 축조한 석굴암은 인공으로 돌을 깎아 굴을 만든 것도 특이하거니와 석굴 안의 불상과 벽면을 장식한 섬세한 조각들이 신비스러운 종교적 분위기를 연출한다. 말 그대로 통일신라 석조 예술의 정점인 동시에 세계에 손꼽히는 석조 예술 중 하나이다. 선사시대부터 면면히 이어져 내려온 화강석을 다루는 석조 기술이 여기 와서 최고의 예술품으로 완성되었다고 말할 수 있다.

석굴암의 종교적 세계와는 차원이 다르지만 토함산 기슭에는 또

경상북도 경주시 불국사 석축 목조건축의 다양한 기법을 석축으로 재현해낸 점에서 이전에도 없고 이후에도 볼 수 없는 석조 예술의 정화라고 평가된다.

다른 뛰어난 석조물이 있다. 바로 불국사 경내를 이루는 석축이다. 유명한 청운교, 백운교, 그리고 연화교, 칠보교 돌다리가 있는 곳이다. 이곳 석축은 위치에 따라 다양한 방식으로 축조되어 있는데 그중 가장 눈에 띄는 부분은 마치 목조로 격자틀을 짜 넣고 그 안에 돌을 채워 넣은 듯한 곳이다. 물론 격자틀 역시 돌로 이루어져 있다. 석축 대부분이 이런 방식으로 되어 있다. 어떤 곳은 마치 나무 널빤지로 벽을 막아 대듯이 돌을 평평하게 다듬어서 대고 군데군데 기둥을 세우듯이 돌을 가공했다. 격자틀 모양이나 널빤지 모양이나 기본은 목조에서 차용한 것이 분명한데, 그것을 돌로 재현해낸 것이다.[58] 힘을 많이 받는 부분은 큰 돌을 면을 맞추어 가지런히 정렬했다. 이런 다양한 방식으로 높이 9미터, 길이 60미터 되는 자칫 지루해지기 쉬운 석축을 감동적인 예술품으로 만들어낸 것이다. 이 석공이 누구인지 알 길은 없지만 이만하면 돌 다루는 데서는 좀 과장해서 말하면 거의 신의 경지에 도달했다고 해도 무리가 아니겠다. 화룡점정은 격자틀이 만나는 곳에 돌을 바깥으로 돌출시켜놓은 부분인데, 이곳을 통해 석축 내부에 고인 물을 밖으로 흘려보낸다. 돌출한 부분들이 만들어내는 그림자 효과가 석축 전체를 한층 율동감 있게 만든다. 불국사 석축은 오전에 보던 모습이 한낮에 달라지고 저녁나절이 되면 또 다른 얼굴을 한다. 단순한 석축을 창의력 충만한 예술품으로 만들어낸 석공에게 경의를 표하지 않을 수 없다.

**천상의
세계를
구현한
영암사 석축**

경주에서 꽃핀 통일신라의 돌 다루는 기술은 곧 지방 곳곳으로 퍼져나갔다. 다만 모든 지방이 갑자기 수준이 향상된 것은 아니고 새로운 기술을 수용할 만한 기술적·문화적 토대가 마련되어 있는 곳에 한정되었다. 명산을 찾아 수행처를 개척한 승려들의 역할이 컸으며 간혹 경주 왕실의 후원도 따랐다. 경주에서 멀리 떨어진 선산이나 대구, 김천 같은 지역은 물론 강릉이나 청주, 나주 같은 먼 지역에도 경주에 못지 않은 석탑이 속속 출현하고 불교 사원도 지어졌다. 그 가운데 특별히 돌로 빚어낸 놀라운 조형 세계로 꼽힐 만한 유적으로 경상남도 합천군의 영암사지가 있다.

영암사지는 지금도 대중교통이 잘 닿지 않는 오지에 있다. 절터는 합천군과 산청군의 경계를 이룬 황매산 아래다. 절터 뒷산은 흰 바위의 밝고 어두운 면들이 실루엣을 이루면서 신령스러운 분위기를 자아내며, 그 아래 완만한 경사를 이용해서 여러 단으로 대지를 나누어 건물 터가 펼쳐져 있다. 축대築臺에는 군데군데 돌이 밖으로 삐져나오도록 해서 돌출부가 만드는 그림자 효과를 만든다. 불국사 석축에서 보았던 돌출한 석재의 효과가 여기서도 재현되고 있다. 이런 돌출 부재는 심석心石이라고 해서, 축대와 직각 방향으로 축대 안쪽으로 길게 심어져서 축대가 무너지지 않도록 한다. 감은사지, 경주 월정교 교대 등에서 나타나는 이것은 통일신라 석축의 특징 중 하나인데 이런 돌출부가 단조롭고 무표정해지기 쉬운 긴 축대에 생동감을 만든다. 절터 중간쯤에 3층 석탑 하나가 우뚝 서 있고 그 뒤로 한 길이 넘는 높은 석축이 길게 쌓여서 층단을 확실하게 이룬다. 석축 중앙은 앞으로 돌출해 있고 돌출한 석축 한가운데는 두 마리 사자가 화사석을 받치는 모습의 석등이 하나 우뚝 서 있다. 축대를 올라선 곳 중앙에 다시 돌로 기단을 반듯하게 쌓고 기단 위에 단정한 자태의 불전이 있었을 터인데 지금은 기단과 주춧돌만 남았다. 기단 사면은 넓은 면석이 둘러 있는데 이곳에는 신령스러운 짐승들이 조각되어 있다. 기단을 오르는 계단 양옆의 난간이 일부 남아 있는데 난간에는 용이 조각되고 주변에 구름

경상남도 합천군 영암사지 석축 큰 돌 하나를 다듬어 곡선 계단으로 꾸몄다. 불전 주변은 석조로 꾸민 천상의 세계를 대하는 듯하다.

형상이 있다. 용과 구름, 이 세상에 없는 신령한 짐승들, 그런 조각들로 치장된 기단 위에 부처님을 모신 전각이 서 있었던 것이다. 축대 위는 인간 세상이 아닌 천상의 세상을 구현하려고 한 듯하다.

　인간이 함부로 다가갈 수 없는 세상이 긴 석축 위에 그려진 셈인데 그것을 단적으로 보여주는 것이 축대 위로 오르는 계단의 형상이다. 큰 돌 하나를 밖으로 완만하게 휘어지도록 다듬고 곡면을 따라 계단의 디딤판을 새겼는데 그냥은 올라서기가 쉽지 않다. 범인들이 함부로 계단을 올라 천상의 세계로 오르는 것을 제지하는 듯한 모습이다.

빈 절터를 바라보다 보면 석축 아래 3층 석탑 주변이 제법 넓어서 사람들이 탑을 두고 빙글빙글 도는 탑돌이를 하기에 알맞은 크기로 보인다. 석축 위 돌출한 곳에는 두 마리 사자가 받치는 석등이 있다. 그 옛날 달 밝은 밤에 열성 있는 신도들이 이 먼 오지까지 찾아와서 열심히 탑돌이를 하고 석축 위 석등에서는 은은한 불빛이 비치는 모습을 상상해본다.

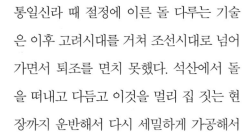

**빛과
그림자의
물결**

종묘 정전 월대

통일신라 때 절정에 이른 돌 다루는 기술은 이후 고려시대를 거쳐 조선시대로 넘어가면서 퇴조를 면치 못했다. 석산에서 돌을 떠내고 다듬고 이것을 멀리 집 짓는 현장까지 운반해서 다시 세밀하게 가공해서 석조물을 조립하는 과정은 숙련된 기술자와 많은 작업 인력을 필요로 한다. 또 일을 완성하는 데 오랜 시간이 소요되게 마련이다. 그런데 세월이 흐르면서 사람들의 마음이 점점 여유를 잃고 집 짓는 일도 단기간에 완성하려는 조급증에 사로잡히면서 돌에 대한 애정이 옅어져 갔다. 대신 건축 현장의 주인공은 목수들의 차지가 되었다.

고려시대 이후 건축의 중심은 지상에 세우는 목조에 치중되었다. 고려 때는 중층 지붕을 올린 건물이 일반화되었고 3층 지붕 건물도 심심치 않게 세웠다. 상대적으로 돌은 기단을 꾸미는 정도에서 그쳤다. 그나마 조선시대 초기까지는 기단에 넓은 면석도 두고 면석 위에 갑석이라는 마무리 돌도 올려 격식을 유지했지만 그것도 궁궐이나 왕실이 지원하는 불교 사찰 정도에 한정되었다.

이런 퇴조 속에서도 석공들의 핏속에 흐르는, 선사시대 이래로 면면히 이어져온 돌 다루는 기술과 심미안이 완전히 사라진 것은 아니었는데 그 좋은 징표를 궁궐이나 왕실 사당 마당을 덮는 박석薄石에서 찾아볼 수 있다.

박석은 얇은 돌이라는 뜻인데, 주로 넓은 궁궐 마당을 덮는 데 쓰이고 제사 지내는 사당에도 마당이나 임금이 지나는 길 위를 덮는 데서 볼 수 있다. 돌은 가로세로 30~40센티미터 정도 크기이고 두께는 15센티미터 정도 된다. 돌이 얇은 층을 이루어 박석으로 떠낼 수 있는 곳이 몇 군데 있었는데 강화도 석모도는 대표적인 박석 산지였다. 이런 돌을 적당한 크기로 다듬고 표면을 약간만 거칠게 가공해서 궁궐 마당에 넓게 까는 것이다. 이때 거칠게 마무리된 박석의 울퉁불퉁한 표면이 만들어내는 미세한 그림자들이 돌로 덮인 넓은 마당에 신비한 부드러움을 만들어낸다.

종묘 정전은 열아홉 칸의 긴 건물인데, 제례가 있으면 열아홉 칸에 모셔진 신주를 밖으로 모시고 그 앞 넓은 마당에서 제관은 향을 올리며 무인들은 춤을 추고 악공들은 음악을 연주한다. 그러기 위해서 정전 앞에는 큰 광장 같은 월대가 조성되며 이 월대 전면에 박석이 깔린다. 정전 앞 월대의 박석은 크기도 제각각이고 표면은 매끄럽게 가공

서울시 종묘 정전 앞 월대 박석 자칫 무미건조하고 차갑게 느껴지기 쉬운 넓은 표면이 부드럽고 따뜻하게 다가온다. 그 비결은 울퉁불퉁하고 줄을 맞추지 않은 듯한 박석의 가공과 배열에 있다.

4. 고인돌에서 천상의 세계까지, 석조물

하지 않아 울퉁불퉁하다. 그런데 이런 울퉁불퉁한 돌들이 깔린 넓은 월대를 바라보고 있노라면 마음이 편안해지고 말할 수 없는 고요함을 느끼게 된다. 햇빛에 반사되어 은은한 그림자를 만드는 박석들이 마치 넓은 호수 위에 그려지는 잔잔한 물결처럼 보이기도 한다.

돌은 규산염광물로 이루어진다고 하며 화강암은 실리카, 즉 규소와 산소의 화합물인 이산화규소를 다량 함유하고 있는데 그 색상은 기본적으로 희다. 따라서 이런 흰빛을 띤 화강석 표면을 너무 곱게 다듬어서 바닥에 깔게 되면 빛이 반사되어 눈이 부시게 되고 또 빗물이라도 표면에 남아 있으면 미끄러질 우려도 있다. 요즘 우리 주변에 이런 불편한 돌 표면이 적지 않다.

조선시대 석공들은 이런 문제를 잘 알고 있었던 듯해서 박석 표면을 일부러 거칠게 두었다. 박석의 크기도 일정하게 하지 않고 모양새도 제각각이다. 얼핏 보면 부실 공사이거나 일을 대충하고 마무리를 치밀하게 완성하지 않은 듯 보이지만 그 결과를 두고 보면 어느 것이 더 옳았는지 두말할 필요가 없다. 석공들의 가슴에 담긴 천연스러움이 느껴진다. 완벽한 마무리에 매달리지 않고 재료가 갖는 속성을 숙지하여 가장 사람들에게 편안한 아름다움을 제공해주려는 미학이 담겨 있다. 조선시대 분청사기에 대해 이와 비슷한 평가가 내려지고 그 예술성이 높이 평가되고 있는데, 종묘 정전 월대 박석도 그런 평가의 대열에 넣어도 무방하겠다는 생각이 든다.

왕릉
정자각의
석조물

조선시대에 들어와 나라에서 석조물에 가장 예민하게 신경을 쓴 대상은 왕릉이었다고 생각된다. 왕릉은 봉분 안에 돌로 방을 꾸며 관을 안치하고 봉분 주변은 흙이 흘러내리지 않도록 호석이라고 부르는 받침돌을 두르게 되는데 이 받침을 정성을 다해 꾸몄다. 또 봉분 주변에는 돌로 양이나 호랑이, 말을 조각해서 돌리고 봉분 앞에는 능을 수호하는 무인상과 문인상을 세웠다. 가장 중요하게 여긴 것은 혼유석이라고 하는 네모반듯한 장방형의 큰 돌이었는데, 제사가 있을 때 혼령이 이곳에 나타나 음식을 즐긴다는 상징적 의미를 지녔다. 혼유석은 크기가 보통 가로 2미터, 세로 1.5미터에 높이가 0.75미터 정도 된다. 무게로 치면 대략 15톤 정도 나간다. 이 혼유석의 윗면은 아무리 세월이 지나도 그 평탄하고 매끄러운 면이 조금도 어긋나지 않게 하려고 애를 썼다. 이를 위해 혼유석이 놓이는 바닥은 깊게 파서 돌로 다지고 그 위에 혼유석을 지지하는 네 개의 받침돌을 올려놓았다. 이 받침돌에는 나두어라는 동물의 얼굴을 새겨 넣어 무덤을 수호하는 의미를 담았다.

봉분 아래로 긴 경사지를 내려가면 정자각이 놓인다. 정자각은 민간의 묘로 치면 제사 음식을 진설하는 상석에 해당하는 공간이다. 정자각 정전에 음식을 차리고 그 앞에 직각 방향으로 배위청을 마련해서 제례에 참여하는 사람들이 향과 술잔을 올리는 자리를 마련했다. 정전과 배위청이 직각 방향으로 만나기 때문에 전체적으로 보면 건물이 정丁 자를 이루게 되어 정자각이란 이름이 생겼는데, 이 정자형 건물 전체가 돌로 쌓은 높은 축대 위에 세워졌으며 이 축대를 월대라 부른다. 정자각 월대는 잘 다듬은 긴 장방형 돌인 장대석을 층층이 쌓아올리는데 보통 4단에서 5단 정도가 되고 높이로 치면 1미터에서 1.5미터 정도 된다.

정자각 앞으로는 대략 예순에서 여든 자 정도 거리에 홍살문이 놓이고 정자각과 홍살문 사이는 향을 모시는 향로와 임금이 이동하는 어로가 돌로 꾸며진다. 향로가 한 단 높고 어로가 그 측면에 단을 낮추어 마련된다. 향로 중간쯤 되는 곳 좌우에 수라간과 수복방이 세워지고 보통 향로와 수라간, 수복방 사이는 박석으로 바닥을 다진다.[59]

이렇게 보면 왕릉에서 석재가 얼마나 큰 비중을 가졌는지 짐작이 갈 듯하다. 향로와 어로, 그 좌우의 박석, 정자각의 월대, 봉분 주변의 호석과 석양, 석호, 석마, 문인석, 무인석, 그리고 봉분 안에 안치한 석실 등 결국 왕릉은 온통 석조물의 결합체라고 해도 과언이 아니다. 이 가운데 봉분 내 석실은 세조 때 더 이상 석실을 꾸미지 말고 석회로 이를 대체하라는 명이 있고 나서 만들어지지 않게 되었다.

조선 왕릉은 41기 정도가 원래 형태를 간직하고 있는 것으로 알려져 있는데, 3대 태종의 무덤인 헌릉의 호석과 그 주변 석물이 가장 격식을 잘 갖춘 사례로 꼽힌다. 헌릉 호석은 병풍석이라는 조각을 새긴 면석과 기와지붕 형상을 한 와첨상석이라는 바닥깔개석, 주변을 두르는 난간석이 꾸며져 봉분이 있는 곳이 기와지붕 위 천상의 세계인 양 꾸며졌다. 병풍석에는 구름 사이에 서 있는 신선을 새기고 봉분의 흙이 흘러내리지 않도록 안쪽으로 깊숙이 인석이라는 석재를 박아 넣고 마구리는 꽃으로 장식했다. 봉분을 지키는 문인석, 무인석도 우람한 자태가 보는 이를 압도한다. 파주의 장릉(인조)이나 여주 영릉(효종)에는 화려한 조각을 갖춘 병풍석과 난간석이 봉분 주변을 장식하고 있다. 이후에 봉분의 석물 치장은 점차 간소화하는 경향을 보였고 특히 숙종 이후로는 난간석이나 병풍석을 제한하는 조처가 있었지만 이것

서울시 헌릉 조선조의 왕릉은 석조 조형의 높은 예술성을 확인할 수 있는 또 다른 사례이다.

이 반드시 지켜지지는 않았다.[60]

중국의 황제릉은 그 수도 많고 시대에 따른 형식상의 변화도 크지만 대표적인 사례를 든다면 명·청대 남경과 북경 주변의 능을 꼽을 수 있다. 조선 왕릉과 다른 점은 조선 왕릉이 서울 외곽 여러 곳에 흩어져 있는 데 반해서 명이나 청의 황제릉은 한곳에 집결해 있는 점이다. 명 13능은 북경 서쪽 교외 천수산 기슭에 13대 황제릉이 한데 모여 있고 청의 동릉은 북경 동쪽에 5대 황제 15 황후릉이 모여 있다. 두 능역은 기본적으로 같은 형식을 취하고 있다. 전체 능역 입구 부분에 석조로 조각한 동물상이 늘어선 긴 진입로를 지나면 개별 능으로 가게 되는데 개별 능은 제사 지내는 전각과 연못, 그리고 봉분으로 이루어진다. 이 가운데 가장 큰 볼거리는 긴 동물상이 도열한 능역 초입 진입로라고 하겠다. 동물은 코끼리, 낙타 등 이채로운 동물들이 우람한 크기에 정교한 조각술로 새겨져서 눈길을 끈다. 시신을 안치한 능침은 보통 지하 궁전이라고 호칭하듯이 돌과 벽돌을 이용해서 거대한 실내를 꾸미고 있다. 내부를 공개한 명대 정릉의 경우 지하 궁전은 전실, 중실, 후실이 좌우 대칭으로 배열되어 지상의 궁전을 방불케 하는 장대한 모습이다.

중국 황제릉에 비하면 조선의 왕릉은 개별 능의 치장에서는 훨씬 간소하지만 능을 둘러싼 주변 환경이나 석물의 치장에서는 중국과 다른 눈여겨볼 면모를 지니고 있다. 조선 왕릉은 동구릉을 제외하면 대개 개별 능이 각기 독립되어 꾸며져 있는 점이 특징이다. 하나의 능은 화소火巢라고 해서 산불이 침입하지 못할 정도의 사방 20리 정도 되는 방대한 녹지를 확보하고 있으며 그 한가운데 풍수상의 요처에 봉분을 마련해두었다. 봉분은 각종 석물로 치장하여 신성한 분위기를 조성하고 있는데 특히 석물들이 주는 힘 있으면서 부드러운 모습은 조선 왕릉에서만 맛볼 수 있는 색다른 조형미를 보여준다.

중국, 일본에 남아 있는 석탑

우리나라가 유독 석조탑을 선호하고 다양하고도 예술성 풍부한 석탑을 고대부터 지속적으로 조성하고 이를 예배 대상으로 삼아온 것은 널리 알려진 점이다. 그렇다고 이웃한 중국이나 일본에 석탑이 전혀 없는 것은 아니고 그곳에서도 적지 않은 석조탑이 세워졌다. 다만 그 형태나 축조 방식에서는 한반도와 상당히 성격을 달리한다.

우선 중국 대륙의 사례를 살펴보기로 하자. 중국의 석조탑에 대해서는 《중국 탑》(장유후안張馭寰, 산서인민출판사, 2000)이 참고가 된다. 이 책은 중국 전역의 주요한 불탑을 거의 망라하고 있는데, 그 대부분이 전탑들이어서 과연 중국이 전탑의 나라라는 점을 새삼 일깨워준다. 석탑은 상대적으로 숫자도 많지 않고 크기나 형태도 이렇다 할 눈에 띄는 사례가 보이지는 않는다. 다만 책에서는 중국에도 석재로 탑을 세운 오랜 역사가 있고 수량도 많으며 전국에 분포되어 있다고 밝히고 사천, 운남, 복건, 산서 등지에 있다고 하였다. 또한 석탑은 규모가 작은 편이고 누각식이나 밀첨탑(지붕이 다닥다닥 붙은 탑을 지칭), 아니면 다보탑

등이 대부분이라는 점도 언급했다. 따라서 중국에서 석탑은 불탑의 주류는 아니라고 보는 편이 타당할 듯하다. 대표적인 사례로는 천주 개원사의 동서탑이 있다. 동탑은 865년에 세워지고 8각에 9층탑이며 서탑은 916년 건립이고 7층이다. 동탑 높이가 48미터, 서탑이 44미터인데 양 탑의 처마 아래는 공포의 흔적이 조각되어 있고 기단부 역시 정교한 조각이 가미되어 있다. 광동성 양강 북산 석탑은 전탑을 모방한 석탑으로 알려져 있으며 탑신은 8각형이고 높이는 30미터 정도이다. 항주 영은사 석탑(960년)은 역시 8각형에 9층탑이지만 높이는 불과 10미터 정도에 지나지 않는다. 이 밖에도 소규모 석탑이 다수 알려져 있지만 크게 주목할 만한 것은 보이지 않는다.

일본에도 석탑이 전혀 없는 것은 아니다. 가장 대표적인 사례를 꼽는다면 나라시 한냐지般若寺의 13층 석탑을 들 수 있다. 가을이 되면 코스모스가 만발하여 코스모스 절이라는 이칭을 지닌 이 절에는 화강석의 높이 12.6미터 13층 석탑이 당당히 서 있다. 조성된 시기는 1253년이다. 지붕이 거의 맞닿아 있어서 중국식으로 말하면 밀첨식탑에 속한다고 하겠는데 탑을 건조한 장인은 이행말伊行末이라는 송나라 석공이다. 이행말은 명주(현재의 영파) 사람이며 교역차 일본에 건너왔다가 몇 군데에 송나라 식 석조물을 건조하게 되었다. 도다이지 법화당 앞의 석등도 그의 작품으로 전한다. 이후 일본에는 이와 유사한 13층 석탑이 몇 기 더 세워졌지만 규모가 작고 형태도 세련미가 떨어진다. 일본에서는 여러 층의 옥개석을 갖춘 석탑보다는 공양탑의 일종인 보협인탑寶篋印塔이나 밀교계 묘탑인 오륜탑五輪塔이 널리 유행했는데 이런 석조물은 규모도 작고 형태도 단순하여 크게 언급할 대상이 못 된다고 하겠다.

이렇게 보면 과연 중국이나 일본에는 한반도에서 볼 수 있는 대형의 당당한 조형미를 갖춘 석조탑은 흔치 않았다고 할 수 있으며 역시 한국을 석탑의 나라라고 부른 것이 지나친 말이 아니라는 생각을 갖게 한다.

5

구들의 확산과 좌식 생활,

난방시설

구들의
탄생

방바닥을 따뜻하게 하는 난방법은 현대과
학에서도 그 효용성과 이점이 높게 평가되
고 있다. 한반도는 이런 난방법이 가장 일
찍, 그리고 오랫동안 유지 발전을 거듭해
온 지역으로 주목된다. 바닥 난방은 한국
의 건축을 이웃나라 건축과 구분 짓고 그 특징을 두드러지게 한 요인
중 하나로도 눈여겨볼 부분이다.

그 출발은 멀리 고조선시대로 거슬러 올라간다. 평안북도 영변군
세죽리에서는 청동기를 사용하던 시기에 이미 실내 바닥에 외줄로 된
고래가 발굴되었다고 한다. 얇고 긴 돌로 낮은 벽을 만들고 그 위에

초기 외줄고래 경기도 파주시. 실내 한쪽 벽을 따라 고래가 설치된 초기의 모습

얇고 판판한 돌을 올려놓은 고래에 열기를 통하게 해서 실내에 온기를 제공한 것이다. 비슷한 유적은 함경북도 시중군 노남리, 중국 요녕성 무순시에서도 확인되었다. 특히 세죽리의 구들은 ㄱ 자로 꺾인 형태여서 이미 상당히 발달된 수준을 보여주었다.

고구려에 오면 구들은 더 널리 보급된다. 오녀산성 내 유적을 비롯해서 집안의 동대자 유적에 이르기까지 형태도 다양하고 구조도 한층 견고한 모습이다. 4~6세기로 내려오면 구들은 백제 사람들이 살던 곳에서도 흔하게 발견된다. 서울 몽촌토성을 비롯해서 공주 공산성이나 부여 부소산성 등 한반도 전역으로 구들 유적이 확대되었음을 알수 있다. 고래도 외줄만이 아니고 두줄고래로 늘어나 난방 효과를 높였다.

구들은 한반도를 넘어 중국 동북 지방에서도 확인되며 최근에는 연해주 지방에서도 대형 구들 유적이 나타나, 구들의 이용 범위가 한반도는 물론 중국 화북 지방과 동북 지방 및 연해주 일대로 광범위하게 분포되어 있었음을 보여준다. 연해주는 현재는 러시아의 극동 지역 최남단에 속하지만 과거에는 발해의 영토에 속해 있었으며 문화적으로도 고구려와 상통하는 점이 많은 곳인데, 이곳에서도 구들 유적이 다수 확인되는 것이다.[61]

일본에
건너간
구들의 운명

일본의 옛 수도 교토의 서북쪽 교토시와 경계를 이루는 곳은 행정구역상 시가현 오츠시이다. 이곳은 5, 6세기경 한반도에서 건너간 고구려, 백제 사람들이 집단을 이루어 거주하던 곳으로도 유명하다. 오츠시 역사박물관에는 한반도인과 관련된 유물이 상당수 전시되어 있기도 하다. 이 박물관 밖에 가면 큼직한 지붕을 씌운 야외 전시물이 눈에 띄는데 바로 이 지역에서 발굴된 외줄고래의 유적이다. 1 대 1 크기로 그대로 재현해놓은 유적은 길이가 약 4미터 정도 되며 약간 구부러진 고래의 모습을 잘 보여준다. 한반도에서 3∼6세기에 흔하게 보는 구

시가현 오츠시립역사박물관 마당의 온돌 복원 모습 한반도에서 건너간 사람들이 거주하는 지역에서 출토된 외줄고래의 흔적

들 유적과 동일한 모습이다.

오츠는 7세기 중엽 임신년에 일어난 반란 사건으로 유명한 곳이다. 임신壬申의 난이라고 하는 672년에 일어난 이 사건은, 텐치天智 천황이 죽고 한반도 이주 세력의 지지를 받으며 이곳을 근거지로 새로운 정치를 펼치려는 황태자에 대해서 아스카를 근거지로 삼은 구세력이 반란을 일으킨 것이다. 난은 반란에 충분한 대비를 하지 못한 황태자의

패배로 끝나고 일본의 정치 중심은 다시 아스카 지역으로 옮겨가게 되었으며, 이 사건 이후 오츠 지역에 뿌리내린 한반도 이주 세력은 정치적 힘을 잃고 말았다. 아울러 이 지역에서 활발히 조성되던 구들 시설도 자취를 감추고 말았다.

일본에서 구들 시설이 사라지게 된 배경에는 이런 정치적인 요인도 작용했겠지만 더 큰 이유는 습기가 많고 상대적으로 따스한 기후 조건 탓이라고 할 수 있다. 구들은 실내의 습기 제거에 도움이 되지만 불을 넣지 않는 여름철에는 구들 내부에 습기가 차서 벌레가 끓거나 구들 벽이 쉽게 무너지는 결함을 안고 있다. 더군다나 오츠 지역은 곁에 비와코라는 큰 호수를 끼고 있어서 다른 곳보다 습기가 더 많은 지역인데다 겨울철 기온도 한반도처럼 한랭하지는 않다. 결국 이런 기후 조건은 모처럼 한반도 이주민에 의해 만들어지던 구들을 몰아내는 요인으로 작용한 셈이다.

전면온돌로
발전

한반도와 중국 화북과 동북 지역, 연해주 및 일본열도까지 확산되었던 구들은 이후 어떤 지역에서는 완전히 소멸되고 어떤 지역에서는 꾸준히 살아남아서 인류가 창안해낸 독특한 난방법 중 하나로 생명력을 이어갔다. 그 가운데 한반도는 가장 돋보이는 방향으로 구들을 발전시켜나간 지역이라고 할 수 있다. 그것은 구들을 실내 일부만이 아니고 방 전체를 덮는 방식으로 전개시켜나간 점에서 찾아볼 수 있다.

구들과 온돌溫突이라는 용어는 거의 같은 내용을 담고 있다고 할 수 있다. 구들이 순수한 우리말이고 온돌은 한자어에서 차용한 단어라는 차이가 있는 정도이다. 다만, 조선시대 각종 사료에서는 온돌이라는 용어를 일관되게 사용하고 있다. 또한 온돌방이라는 용어가 마루방과 대비되는 개념으로 일반화되어 있는 점을 감안하여, 여기서는 고래를 갖추고 선사시대부터 만들어온 난방을 구들로 정의하고 방바닥 전체에 고래가 설치되는 것은 온돌로 부르기로 한다.

한반도에서 실내 전면에 구들이 설치되는 시기는 대체로 12세기 이후로 알려져 있으며 초기에는 주로 반도 북쪽 지역에서 시작되었을 것으로 짐작된다.[62] 그러다가 13세기 이후 고려 후기에는 중부 지역은 물론 남부 지역까지 전면온돌이 널리 확산되는 것으로 알려져 있다. 고고학적 자료에 의하면 평안남도 용강군의 12세기 것으로 보이는 한 건물 자리에 이미 전면온돌이 나타난다는 보고가 있으며, 13세기에 조성된 것으로 전하는 강화 선원사지 승방 터나 같은 시기 미륵사 승방 터 같은 곳에서 고래가 다섯 내지 여섯 줄 늘어서면서 방 전체에 구들이 깔린 시설들이 확인되고 있다.

한반도에서 12, 13세기에 전면온돌이 나타나는 것과 다르게 중국 화북, 동북 지방에서는 이후에도 거의 일관되게 실내 일부에만 구들을 놓는 방식이 지속되었다. 중국에서는 이를 캉炕이라고 부른다고 하는데 캉은 근년까지도 중국 동북 지방의 살림집에서 쉽게 볼 수 있었다.

실내 전면에 구들이 설치되면서 나타나는 가장 큰 변화는 아궁이가 실외로 나간다는 점이다. 전에 외줄고래나 두줄고래 시절에는 불을 넣는 아궁이는 실내에 있었고 고래를 통해 연기가 벽 바깥으로 해서 밖으로 나가도록 했다. 그러다가 실내 전면에 구들이 설치되면서 아궁이가 바깥으로 나가게 되었는데 이것은 구들이 설치되는 실내 구조를 크게 바꾸어놓는 결과를 낳았다. 나아가 아궁이의 열을 이용하는 데서도 큰 변화를 초래했다. 아궁이가 건물 밖으로 나가자 아궁이 있는 곳에 부엌이 설치되면서 부엌은 자연스럽게 온돌방 곁에 마련되게 되었으며 이것은 한국의 살림집이 갖는 가장 중요한 특징 중 하나로 정착하게 된 것이다.

온돌과
좌식 생활

실내 전면에 온돌이 보급되면서 방바닥에 앉아서 생활하는 소위 좌식 생활이 정착되었다. 즉, 실내에 의자나 침대가 들어설 여지가 사라진 것이다. 이것도 전면온돌 도입이 가져다준 커다란 변화 중 하나였다고 하겠다.

본래 동아시아 지역 사람들은 좌식 생활을 기본으로 했다. 중국에서도 적어도 한나라 이전에는 상류 계층 사람들도 방바닥에 앉아서 생활하는 것이 기본이었다. 그러다가 한나라 말 서역에서 중국인들이 호상이라고 부르는 의자가 도입된 후 중국인들은 의자를 적극 수용하

여 당대 이후에는 거의 의자와 침대를 기본으로 한 입식 생활 문화를
해나갔다.

의자는 고구려 사람들에게도 알려졌다. 집안의 무용총 벽에는 의자
에 걸터앉은 모습의 인물이 몇 군데 보인다. 의자는 이후 백제나 신라
에도 전해지고 일본에도 전파되었다고 믿어진다. 12세기 고려시대에
개경을 방문한 중국 사신은 개경의 귀족들이 침대 등을 이용하고 있
어서 중국과 다름이 없어 보인다는 기록을 남기기도 했다. 다만, 이들
의자는 손님을 맞는 정도의 제한적인 곳에만 쓰였다고 짐작된다. 조
선시대에도 의자는 제한적인 용도로 활용되었다. 임금이 앉는 어좌라
든지 지방 동헌에 수령이 앉아서 죄인을 심문하는 곳에 등장한다. 조
선 후기 초상화에는 의자 중 하나인 궤장에 앉은 선비의 모습을 종종
본다. 궤장은 특별히 임금이 나이 많은 신하에게 내리는 귀한 선물이
었다. 의자 뒤에는 표범 가죽이 장식되기도 한다. 불교 승려들의 초상
화에도 의자에 앉은 유명한 스님 모습을 볼 수 있다. 다만, 이런 모습
은 특별한 때의 모습이었고 일상생활에서는 의자는 거의 이용되지 않
은 것 또한 분명하다. 일본은 더욱 의자가 제한적으로 이용되어 천황
이 의식을 거행할 때 의자를 이용한 사례를 확인하는 정도이다. 최근
복원한 나라의 헤이조큐平城宮 대극전 한복판에는 날렵한 형상의 의
자가 놓여 있다.[63] 그러나 시간이 지나면서 의자는 일반에 거의 보급
되지 못하고 상류와 하류를 막론하고 일본 사회에서는 거의 자취를

감추었다.

지리적으로나 문화적으로 가까웠던 한반도에서 중국과 달리 의자가 일상생활에서 이용되지 않았던 배경에는 온돌이 적지 않은 영향을 끼쳤다고 생각된다. 조선시대 성리학자들은 주희朱熹 같은 중국 송대 학자들을 흠모하고 그들의 일거수일투족을 본받으려 노력했다. 그러나 이런 성리학자들도 주희처럼 의자에 앉아 책을 읽는 일은 따라 하지 못했다. 일단 온돌방이라는 곳이 침대나 의자를 둘 수 있는 여지를 몰아낸 것이 컸다고 하겠다.

좌선과
방바닥
구조

중국에 선禪을 가르친 인도의 승려 달마대
사를 그린 그림을 보면 큰 눈에 수염이 더
부룩하고 바닥에 무릎을 댄 가부좌를 튼
모습이다. 인도에서 수행하던 달마는 중국
에 건너가 선을 가르쳤으며, 두 발을 꼬고
앉아 정신을 집중하고 조용히 사색하는 좌선을 마음의 내면을 닦아
삼매경에 드는 수행의 중요한 방법으로 삼았다고 한다. 이후 좌선은
도교는 물론 유교를 신봉하는 사람들에게도 수련의 방법으로 널리 수
용되었다.

중국의 선종은 한국, 일본에 전파되어 유행했으며 좌선 역시 각 나

라에 확산되었다. 좌선을 할 때는 오른쪽 무릎 위에 왼다리를 올리고 왼무릎 위에 오른발을 올리는 것을 결가부좌라고 하고 오른쪽 무릎 위에 왼다리만 올리면 반가부좌가 된다. 어느 경우이든 실내 바닥에 엉덩이를 붙이고 앉는 것은 마찬가지이다. 이때 바닥에는 좌포라고 하는 쿠션을 깔고 그 위에 앉게 되는데, 이것은 특히 실내 바닥이 전돌로 깔려 있거나 딱딱한 마룻바닥인 중국에서 필수적이었다고 짐작된다. 일본에서는 마룻바닥 위에 짚으로 짠 얇은 깔개를 놓고 그 위에 앉는 것이 궁전이나 귀족의 주거에 쓰이고 있었는데, 좌선 때에도 이런 깔개가 보급되었다고 생각된다. 지금도 교토의 남선사 같은 유서 깊은 선종 사찰의 법당에서는 이런 짚으로 짠 긴 깔개 위에 승려들이 나란히 앉아서 수행하는 모습을 볼 수 있다.

우리나라의 경우에 초기의 선종 사찰에서 실내 바닥이 어떤 모습이었는지 확인하기는 어렵다. 그런데 지난 2000년 전후에 발굴을 한 양주 회암사지의 서승당지에서 흥미 있는 유구가 출토되었다. 서승당은 가로 길이가 14.2미터, 세로가 32.6미터에 이르는 긴 건물인데, 이 건물 바닥은 가운데 두 줄의 통로가 있고 그 사이를 통로 바닥에서 약 1미터 높게 온돌 시설이 세 줄로 마련되어 있는 모습이었다. 마치 세 줄의 온돌에는 승려들이 각기 앉아서 좌선을 하고 통로 사이로 이들의 좌선을 지도하는 승려가 왔다 갔다 하는 모습을 상상할 수 있는 구조이다. 이 건물 외에도 회암사지는 여러 곳에 형태가 다른 온돌 구조

경기도 양주시 회암사지(서승당. 회암사지 제5·6차 발굴조사보고서) 경기도 실내 중앙과 벽면을 따라 구들이 설치된 특이한 모습이다.

를 갖춘 건물지가 확인되었다.

회암사는 고려 말에 나옹선사에 의해 창건된 사찰이며, 나옹은 그 전에 중국에 건너가 임제종의 큰스님인 지공선사로부터 선을 배우고 돌아온 인물이다. 절의 창건에는 나라의 지원이 컸다고 하며 사찰 규모는 웬만한 궁궐 못지않은 큰 규모이다. 이곳 승방에서 출토된 온돌 구조는 선종 사찰에서 좌선과 온돌 구조가 밀접한 연관을 지녔을 가능성을 보여준다는 점에서 흥미를 끈다.

온돌과
마루의
위대한 결합

고려 후기에 들어와 본격화되기 시작한 전면온돌은 그 자체가 동아시아 건축에서 획기적인 창안이라고 할 수 있는데, 여기에 한층 더 그 의미를 확고하게 한 것은 이 온돌과 마루가 한 지붕 아래서 결합했다는 점이다. 온돌은 따뜻한 곳이고 따라서 폐쇄적인 실내를 구성한다. 반면에 마루는 시원한 곳이며 가급적 창문을 많이 내거나 아예 창을 설치하지 않는 개방적인 구조이다. 이런 극단적으로 다른 두 요소가 한 지붕 아래 앞뒤로 또는 좌우로 연속해서 놓이면서 다른 곳에서는 볼 수 없는 독특한 실내 공간을 만들어냈다.

건물의 실내 바닥은 제일 간단한 것은 흙바닥으로 두는 것이고, 다음은 흙바닥 위에 얇은 타일처럼 생긴 전돌이라는 구운 벽돌을 까는 것이다. 흙바닥은 바닥만 잘 다지면 단단한 바닥이 만들어지므로 비용이 거의 들지 않기 때문에 일찍부터 서민들의 살림집 바닥에 이용되었다. 전돌을 바닥에 까는 것은 가마에 전돌을 구워내는 일이 쉬운 것이 아니어서 궁전이나 불교 사찰의 부처님 모신 불전 같은 곳에서나 했다. 이때 바닥에는 연꽃무늬를 새겨 화려하게 치장하는 경우도 있었다. 흙바닥이나 전돌 바닥 다음에 흔히 나타나는 것이 마룻바닥이다. 지면에서 약간 높이 띄워 나무로 얇은 판재를 켜서 바닥을 깔고 그 아래는 무게를 지탱할 수 있도록 버팀재를 길게 보내고 때로는 버팀기둥을 세우기도 한다. 이런 마루 구조는 삼국시대 이전부터 있었다고 짐작된다. 최근 경남 창원에서 출토된 4세기 가야 시대의 집 모양 토기는 하부에 9개의 기둥이 있고 바닥이 지면에서 높이 떨어진 다락 모양을 하고 있어서 이 시기에 마룻바닥이 존재했음을 보여준다. 곡식을 저장하거나 사람이 취침하던 시설로 추정된다.

마루를 설치하기 위해서는 얇게 켠 판재가 여럿 필요한데 세로 방향으로 목재를 얇게 켜는 것은 톱이 발달하지 않은 삼국시대에는 매우 힘이 들고 비용이 많이 드는 일이었다. 따라서 마루 구조는 경제적으로 여유가 있는 귀족이나 큰 불교 사찰이 아니고는 좀처럼 갖추기 어려운 시설이었다. 그런데 고려 후기에 오면 세로 방향의 톱질이 가

김해 출토 가형토기 부산시립박물관 소장. 실내 바닥에 마루가 설치되었음을 보여주는 이른 사례 이다.

능한 큰 톱이 등장하여 비교적 손쉽게 판재를 구할 수 있게 되었고 이것은 마루 구조가 널리 보급되는 데 크게 기여했다.[64]

고려시대의 문인 이인로李仁老(1152~1220)는 충청도 공주에 동정이라는 관청에 딸린 정자 기문을 썼는데 이 글에서 동정에는 겨울철을 위한 욱실燠室(따스한 방을 지칭)과 여름을 위한 양청凉廳(시원한 대청大廳)이 있다고 적었다.[65] 욱실

이 과연 어떤 시설을 가리키는지는 확실치 않지만 당시의 상황으로 미루어 온돌방을 지칭하는 것으로 보이고 양청은 바닥이 마루로 된 것을 가리킨다고 볼 수 있다. 이 두 부분이 한 지붕 아래 있다는 내용을 담은 글이 〈공주동정기公州東亭記〉이다. 이 기사는 이미 13세기 초에 온돌방과 마루방이 한 지붕 아래 모여 있었음을 시사해준다. 이후 고려 말에서 조선 초기로 가면 이와 유사한 내용을 소개하는 글들은 아주 흔해진다.

충청남도 아산에 있는 맹씨행단孟氏杏壇이라는 건물은 고려 말에 처음 지어지고 조선 초기에 맹사성이 살던 곳으로 전하는 유서 깊은 건물이다. 이 건물의 가장 큰 특징은 가운데 대청마루가 두 칸 있고 그 좌우에 온돌방이 대칭으로 있어서 온돌방과 마루가 한 지붕 아래 모여 있는 모습을 보여주는 이른 유적이라는 점이다. 이 집 대청마루 부분의 대공은 조선 초기 이전으로 거슬러 올라가는 고식古式을 보여주고 있어서 살림집으로도 가장 오래된 사례가 되는데다 온돌방과 마루가 한 지붕 아래 있는 사례로도 가장 이르다.

맹씨행단 이후로 조선시대 대부분의 건축에서 온돌과 마루는 적어도 사람이 거주하는 공간에서는 거의 항상 붙어 다니는 단짝이 되었다. 그것은 궁궐의 침전에서부터 일반 백성들의 살림집은 물론 향교, 서원의 강당에 이르기까지 기본적인 공간 구성의 원칙이 되었다. 온돌과 마루는 극단적인 두 요소가 만나서 이제까지 한국 건축은 물론 동아시아 건축이 만들어내지 못한 독창적이면서 개성적인 건축 세계를 열었다.

중국인들의 살림집 실내는 아무리 고래등 같은 저택이라고 해도 흙바닥이거나 전돌을 깐 바닥 또는 마룻바닥이었다. 여기에 의자와 침대를 갖추고 생활했다. 화북이나 동북 지방으로 가면 캉이라고 하는 반 구들식 방이 있지만 이런 경우에는 마루는 거의 두지 않고 흙바닥과 캉만으로 구성된다. 따라서 각 방의 실내 분위기는 큰 변화가 없다. 일본의 살림집은 흙바닥과 마룻바닥 두 가지였다. 마룻바닥에는 다다미라는 짚으로 짠 깔개를 깔아서 보온 효과를 높이고 몸에 닿는 바닥 충격을 줄였다. 기본은 흙바닥과 마룻바닥이라는 두 요소에서 벗어나지 않았다. 여기에 비해서 한국 살림집은 흙바닥을 포함해서 온돌과 마루라는 훨씬 대조적이고 성격이 전혀 다른 요소로 변화가 풍부한 실내를 이루었다.

전통적으로 온돌방의 실내는 바닥이고 벽이고 천장이고 전체를 종이로 싸바르는 것이 원칙이었다. 바닥은 두터운 장판지를 깔고 벽과

온돌방(운현궁 이로당 내부) 바닥, 벽, 천장이 모두 종이로 덮여 있는 점이 온돌방의 특징이다.

천장은 흰 도배지를 바르는데 창문틀이나 기둥도 모두 종이로 감싸서 실내에서는 종이 외에는 다른 것이 전혀 보이지 않도록 했다. 반면에 마루 쪽은 원재료를 그대로 노출시키는 것이 원칙이었다. 마루방의 벽은 판자를 대거나 흙과 모래를 섞어 바른 사벽으로 마무리된다. 천장은 서까래를 그대로 노출시켜서 약간 구부러지고 옹이가 드러난 서까래의 자연스러운 모습이 드러나도록 한다. 온돌방이 사면이 종이로 감싸이는 것과 대조적으로 마루방은 바닥, 벽, 천장의 재료를 그대로 노출시키는 것이다. 이런 대조가 이루어내는 건축 공간의 극적 효과야말로 한국 건축이 이루어낸 위대한 성과 중 하나라고 하겠다.

한겨울, 꽁꽁 언 몸으로 밖에 있다가 온돌방에 들어가 뜨끈뜨끈한 아랫목에 몸을 지지는 쾌감은 경험해본 사람만이 아는 짜릿한 즐거움이 아닐 수 없으며, 한여름 시원한 대청에 앉아 수박을 까먹고 길게 누워 매미 소리 자장가 삼아 낮잠을 즐기는 묘미도 한국의 살림집에서만 가능한 모습이다.

상류층에서
하층민까지

구들이 한민족 주거에 정착되는 과정을 살
펴보면 그것이 초기에는 상류 계층 사람들
에게 이용되다가 점차 서민 계층의 주거에
확산되어간 경향을 찾아볼 수 있다.

구들이 처음 등장하는 것은 선사시대 움
집에서다. 이런 움집이 과연 상류층인지 하류층인지는 단정하기 어렵
다. 따라서 이 단계의 논의는 유보하기로 하자. 삼국시대에 구들 유적
이 나타나는 곳은 작은 규모의 움집도 있지만 귀족층 또는 국가적 시
설로 보이는 건물지에서 더 확실한 사례를 볼 수 있다. 압록강 너머
집안시에 동대자라는 곳이 있는데, 이곳에서 고구려 때 만든 큰 건물

지가 조사되었다. 쌍둥이처럼 닮은 두 개 건물지에 각기 벽을 따라 외줄고래가 설치된 유적이 확인되었다. 건물의 용도가 어떤 것이었는지는 아직 판명되지 않았지만 단순한 주거용은 아닌 것으로 보이고 돌을 다룬 솜씨나 규모로 보아서는 상당한 고급 건축이었다는 것에 의견이 모아진다. 한강 주변이나 공주, 부여에서 출토되는 구들 유적 역시 산성 내 군사들이 머무는 곳이거나 왕궁과 관련된 시설에서 자주 나타난다.

12세기 개성을 방문한 중국 사신 서긍徐兢이 쓴 《고려도경高麗圖經》은 구들의 보급에 대한 오해를 불러일으키기 알맞은 기록이다. 이 책에서 저자 서긍은 개성의 귀족들이 사는 주택은 실내에 침상과 의자가 있어서 중국인들의 생활 모습과 다르지 않다고 하고, 서민들의 집은 게딱지처럼 낮고 실내에서는 캉을 마련해서 난방을 한다고 적었다.[66] 이 기사를 두고, 고려 때 귀족들은 침상과 의자를 이용해 살고 서민들은 방바닥에 구들을 놓고 지냈다는 이야기가 흘러나왔다. 그러나 한 외국인이 개경에서 피상적으로 살펴본 이 짧은 기사 하나를 가지고 당시의 주거 모습을 단정하는 것은 상황을 잘못 이해하기 십상이다. 이 기사를 통해서 서민들이 캉을 만들어 난방을 하고 있다는 점은 분명하다고 하겠지만 귀족들이 전적으로 침상과 의자를 두고 중국인처럼 생활했다고는 도저히 단정할 수 없기 때문이다.

고려의 귀족들은 아마도 한쪽에는 중국인처럼 침상과 의자를 둔 실내를 갖추고 있었지만 같은 집 안에는 구들을 설치한 실내도 유지하고 있었다고 보아야 할 것이기 때문이다. 단지 서긍이 구들이 있는 귀족의 실내를 견문할 기회를 못 가져 그것을 기록에 남기지 않았을 가능성이 훨씬 높다. 구들이 이미 고구려 시대 이래로 상류층 주거에 나타나고 있었다는 점이 이를 뒷받침해준다.

지금까지 조사된 고려시대의 많은 건물 유적에서는 고급 건축에서 구들이 이용된 사례를 다수 확인할 수 있다. 특히 규모가 큰 불교 사원의 승려들이 거주하는 곳에서 실내 전면에 대형 구들이 설치되는 사례가 있다. 따라서 고려시대에 와서 구들이 이용되는 계층으로 보아서는 서민층도 간단한 외줄고래를 갖추고 있었지만 규모가 큰 구들이나 전면구들은 상류 계층에서 더 적극적으로 활용했다고 보는 것이 타당하다.

구들이 실내 전면에 깔리게 되면 연료 문제가 중요하게 된다. 외줄고래 정도라면 주변에서 간단히 구할 수 있는 땔감으로 난방이 가능하지만, 전면온돌의 경우에는 잘 마른 장작 같은 양질의 땔감이 아니고는 방 전체를 효과적으로 덥히기 어려운 문제가 발생한다. 따라서 전면온돌의 이용은 상당한 경제력을 갖춘 상류 계층이 아니고서는 이를 유지하고 이용하기 어려운 점이 있었던 것이다.

조선시대에 들어오면 전면온돌은 위로는 궁궐의 침전에서부터 불교 사원의 승방으로 널리 확산되고 여기에 새로운 온돌 향유 계층으로 농촌의 중소 지주 계층이 합류하게 된다. 조선 초기 이후에 농촌 지역에는 넓은 경작지를 보유하고 농촌 사회에서 지도적 위치를 갖추어나가는 신흥 세력들이 나타난다. 이들은 경제력을 바탕으로 과거 시험을 통해 중앙 관계에도 진출하여 사대부로 성장해갔다.

16세기쯤 와서 온돌과 마루는 지방 사대부 계층의 건물에 널리 퍼졌는데, 그 배경에 성리학적 가치관이 한몫을 했다. 주희로 대표되는 중국 송대 성리학자들은 우주의 질서 속에서 인간이 인간답게 살 수 있는 바른 모습을 추구하며 치열한 자기 수련을 삶의 목표로 삼았다. 그 모습은 그대로 조선의 선비들의 지표가 되었다. 이들 성리학자들은 장수藏守와 유식遊息이라는 두 가지 자세를 중요하게 여겼는데, 장수란 공부하여 학문을 닦는 자세를 가리키며 유식은 장수에서 생긴 긴장과 피로를 풀기 위한 휴식을 말한다.[67]

16세기 선비들은 방문이 꼭꼭 닫히고 폐쇄적인 온돌방을 장수에 적합한 공간으로 삼았으며 벽이 트이고 개방적인 마루를 유식 공간으로 삼았다. 온돌과 마루는 사대부들의 수양 공간으로 더할 수 없는 최적의 실내를 제공한 것이다. 사대부 계층은 이후 독점적으로 고위 관직을 이어가면서 양반으로 자리 잡아갔으며 양반들은 그들의 살림집에도 적극 온돌과 마루를 수용했다. 이제 온돌과 마루는 양반 주택을 상징하는 기본적인 구성 요소로 발전한 것이다.

아마도 온돌이 서민 계층의 살림집에도 널리 보급되는 것은 조선

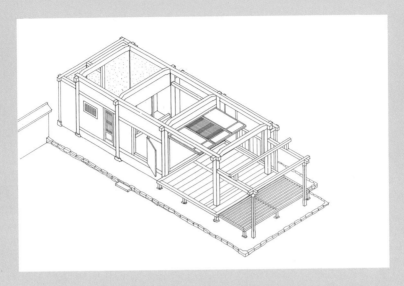

경상북도 안동시 도산서당의 구성도 퇴계 이황이 직접 도면을 그린 것으로 전하는 도산서당은 온돌과 마루, 그리고 부엌 각 1칸만으로 이루어졌으며 선비가 수양할 수 있는 최소한이면서도 최적의 공간을 갖추었다.

도산서당 암서헌 전경 선비가 휴식을 취하고 손님을 맞이하는 간결하면서 군더더기 없는 실내 모습을 보여준다.

후기로 넘어와서도 어느 정도 시간이 경과하고 나서의 일이 아닌가 짐작된다. 농촌 지역에 어느 정도 경제력을 갖춘 농민들이 등장하는 것은 상업적 농업 생산이 이루어지는 17세기 후반 이후로 짐작되는데, 이런 계층에서 양반들의 살림집처럼 온돌을 적극 도입하는 난방이 나타나게 되고 그것이 더 영세한 계층의 살림집으로도 확산되었던 것으로 보인다.

아직 학술적으로 충분한 조사나 연구가 갖추어진 것은 아니지만 대체적인 판단으로는 18세기경이 되면 온돌은 한반도의 거의 전 계층 살림집에 등장하게 되는 것이 아닌가 추정할 수 있다. 다만 온돌에는 필수적으로 땔감이 공급되어야 하는데 과연 서민 계층이 난방에 필요한 충분한 땔감을 구할 수 있었을지 여부는 아직도 미지수이다. 초가삼간으로 지칭되는 최소한의 살림집의 경우, 부엌에서 음식을 조리하는 열로 안방의 난방을 유지하고 또 건넌방 하나 정도에 별도로 불을 넣어야 한다. 여기 소요되는 땔감 정도는 확보되어야 겨울철 난방이 가능했을 것인데 과연 그 정도의 땔감을 서민 계층에서 얼마만큼이나 확보할 수 있었는지가 관건인 셈이다.

온돌이 상류층에서 서민 계층까지 두루 보편적으로 이용되었다는 점은 한국 건축이 갖는 문화적 특질의 중요한 요소이다. 보통 상류 계층과 하류 계층은 문화적으로 이질적인 요소를 다분히 내포하고 있다. 그렇게 함으로써 상류층은 자신들이 우월한 사회적 위치에 있다는 것을 과시한다. 의복이 그렇고 사용하는 기물도 마찬가지이다. 그런데 살림집의 경우에는 이런 격차가 크게 드러나지 않는다. 물론 세부적인 치장에서야 상류층의 살림집이 서민들이 따라올 수 없는 세련된 멋을 지니고 있지만 가장 기본이 되는 실내 바닥 구조에서 서민이나 귀족이나 기본적으로 마루와 온돌이라는 공통된 요소를 갖는 것이다. 이것은 상류와 하류 계층이 문화적 동질성을 갖고 있었음을 의미하며 이를 바탕으로 이루어진 한국 건축이 계층 간 이질성을 지닌 타문화권의 건축과 구분 지어지는 특질이기도 한다.

여러 가지 난방 방식

동아시아 사람들의 주거에는 다양한 방식의 난방 방식이 보인다. 그중 가장 보편적인 것 중 하나가 구들이다. 중국에서 캉炕이라고 부르는 실내 3분의 1이나 절반에 구들을 설치하는 방식은 중국 대륙의 황하 이북 지역에서부터 동북 3성을 아우르는 넓은 지역에서 오랜 기간 동안 존속해왔으며, 한반도는 이를 한층 발전시켜 전면온돌로 했다. 건물에 구들을 설치하기 위해서는 바닥에 고래를 만들고 아궁이를 설치하는 등 영구적인 장치가 필요하며 이는 건축에 적지 않은 영향을 미치게 마련이었다. 반면에 기온이 상대적으로 온난했던 황하 이남 지역에서는 이런 고정된 난방 시설 대신에 한겨울에만 화로를 사용하는 정도에 머물렀다. 특히 장강 이남에서는 이런 설비조차 갖추지 않고 지냈던 것으로 보인다.

북경은 겨울철 기온이 평균 영하 5도이고 추울 때는 영하 20도까지 내려가는 것으로 유명하다. 북경의 자금성은 겨울철 난방에 각별한 주의를 기울였는데 특히 황후가 거처하는 침전에는 역시 캉을 설치하여 난방을 했다고 한다. 이를 위해서 많은 양의 땔감이 조달되었으며 내무부 영조사가 주로 땔감 수급을 관리했다고 한다. 이 가운데 특히 디캉地炕이라고 하는 시설은 한반도의 전면온돌과 같은 방식이어서 주목된다. 디캉은 바닥에 2중의 구들을 놓고 아궁이는 큰 작업실로 꾸며 인부가 들어가 불을 넣도록 했으며 굴뚝을 필요로 하지 않도록 목탄을 연료로 썼다고 한다. 디캉은 심양 같은 더 북쪽 지역에서도 고급 건축에 간혹 쓰였던 것으로 알려져 있는데 중국의 디캉과 우리나라의 온돌은 구조적으로는 약간 차이가 있는 것으로 알려져 있다.[68]

일본열도는 도쿄의 위도가 북위 35도로 우리나라 부산 정도가 되므로 대체적으로 한반도보다는 온난하다고 볼 수 있다. 그러나 동해 쪽에 면한 지역은 겨울에 눈도 많이 오고 겨울철은 상당히 기온이 내려간다. 그럼에도 불구하고 이렇다 할 고정된 난방시설을 두지 않았다. 이것은 역시 문화적인 차이에 기인된다고 하겠다. 일본의 난방이라면 고다츠炬燵를 생각하게 된다. 본래 서민들의 주거에서는 정지 옆에 이로리라는 화로를 두고 여기서 음식도 조리하고 가족이 모여서 불을 쬐며 난방을 했으며 이후 조리와 난방이 분리되어 난방 전용의 고다츠가 실내 바닥에 설치된 것으로 전한다. 그러나 이것만으로는 한겨울에 충분한 난방이 되지 못했으므로 잠자리에 들기 전에 욕탕에 들어가 몸을 따뜻하게 하고 두꺼운 솜이불을 덮어 자기 체온으로 추위를 이겼다고 짐작된다. 일본에 목화가 전래된 것은 15세기경 한반도에서 건너간 것으로 알려졌으며 이후 면포는 겨울을 넘기는 귀중한 수단이 된 셈이다.

여기 비하면 한반도의 온돌은 난방이라는 측면에서는 가장 확실하고도 효과적인 장치였음은 분명하다. 다만, 온돌은 연료 소모가 큰 난방 방식이었기 때문에 이런 연료의 확보는 큰 숙제였으며 아울러 산림자원의 고갈 위협이 상존해 있었던 것은 과제였다.

6

바람이 불어오는 문,
창호

고대
동아시아
판문과
살창

동아시아 건축에서 초기 단계의 창이나 문이 어떤 모습이었는지는 잘 알 수 없다. 고고학적 자료나 전해지는 오래된 그림에서 6세기 전후 중국의 상황을 접할 수 있는 정도이다. 일본의 경우에는 7세기 불교 사원의 행랑 부분 창호가 그대로 출토되어 가장 연대가 오랜 유물로 평가받고 있다. 이런 자료들이 전하는 초기의 창호 모습은 출입문은 두터운 판자로 된 두짝문이 일반적이고 창은 수직 살을 촘촘하게 세운 살창이 확인된다.

중국 섬서성 서안시에서 출토된 6세기 수나라 때 무덤에 안치된 돌

산서성 운성 범주선사泛舟禪師탑 793년에 세워진 이 묘탑은 살창과 판문이 당나라 때 가장 보편적인 창호였음을 보여준다.

로 만든 관은 전체가 집 모양으로 되어 있다.[69] 네 모서리에 기둥이 세워지고 중앙에 두짝 판문이 있고 좌우에 수직 살창이 있는 창문이 묘사되어 있다. 두짝의 판자로 된 출입문과 좌우 살창은 이 무덤 외에도 돈황 석굴의 그림에도 흔하게 보인다. 따라서 6세기 전후 시기에는 기본적으로 출입문은 판문에 창은 수직 창살을 갖춘 모습이 가장 흔한 것이었다고 말할 수 있다. 판문에 수직 살창은 이후 당이나 오대에 이르기까지 그대로 이어갔다.

한편 지난 1995년에는 일본 나라현 야마다데라山田寺 터 뻘 속에서

나라현 야마다데라山田寺지 출토 창호(아스카자료관) 7세기경에 만들어진 살창의 거의 완전한 모습을 보여준다. 전시를 위해 철제로 지지대를 세웠다.

거의 완벽한 형태의 창문이 출토되었다.[70] 불전 주변 행랑 일부로 판단되는 이 유적의 창호는 개구부가 벽면 거의 대부분을 차지하며 창에는 굵은 수직 창살이 좁은 간격으로 세워진 모습을 보여준다. 호류지 금당 주변 회랑에 이와 흡사한 유적이 지금도 남아 있는데 비록 회랑 창문 자체는 후대에 다시 세워졌지만 그 형태는 고대의 원형을 그대로 유지하고 있다는 점을 이 출토 유적을 통해서 확인할 수 있는 셈이다.

우리나라에서는 이 시기 창문 유적은 알려진 것이 없다. 8, 9세기 산간 불교 사찰에 남아 있는 부도 중에는 출입문이나 창호를 묘사한 돋을새김이 일부 전하고 있는데 역시 기본적으로 출입문은 판문이고 창은 수직 살을 지닌 모습이다. 여주 고달사지의 부도 탑신에는 판문과 좌우에 수직 살이 세워진 창문이 정교하게 묘사되어 있으며 경주 장항리사지 5층탑도 탑신에 판문이 묘사되어 있다.

이처럼 고대 동아시아의 창호는 적어도 8, 9세기 이전에는 두터운 판자로 된 출입문과 수직 살을 세운 살창이 불전과 같은 시설에 설치되어 있었다. 물론 사람이 거주하는 주택은 이보다는 더 통풍이나 채

경상북도 경주시 장항리사지 5층탑 탑신 조각 두꺼운 판자로 된 판문이 세워져 있었던 모습을 볼 수 있다.

광이 가능한 창호가 있었을 가능성도 있지만 아직 그 실체는 확인된 것이 없다. 일본의 오래된 그림 중에는 10세기 이전 귀족의 살림집 내부를 묘사한 것이 전하는데, 실내는 창호가 아니고 휘장을 쳐서 공간을 구분했다. 이런 휘장의 존재에 대해서는 고대의 문헌 기록에 자주 등장하며, 《삼국사기》에도 신라인들의 주택 내부에 다양한 고급 휘장이 존재했음을 알려준다.[71]

여기서 한 가지 언급해둘 점은 창호에서 종이의 활용 문제이다. 종이는 중국이 자랑하는 발명품 중 하나다. 종이는 중국의 문명에 절대적인 영향을 끼쳤고 세계 문명사의 위대한 족적을 남겼다. 종이는 가볍고 잘 찢어지지 않고 반투명하여 빛을 어느 정도 투과할 수 있고 보온의 효과도 있다. 이런 종이는 비록 사회 지배층에 한정되었겠지만 일찍부터 건축에 쓰였을 가능성은 매우 높다. 고대 귀족들의 살림집에는 창문에 비단을 대서 바람을 막았었는데 세월이 지나면서 비단 대신에 종이가 이를 대체한 것으로 전한다. 이미 8세기에 쓰여진 기문에 창문에 종이를 바른 이야기가 등장하는 것으로 전한다. 아마도 종이는 수직 창살의 안쪽에 대서 찬바람을 막고 채광을 가능하게 하는 데 쓰였을 것으로 추정되며, 그것은 중국에서 시작되어 한반도에도 널리 확산되었다고 짐작된다. 다만 이른 시기의 사용 실례는 아직 확인되지 못하고 있다.

중국에서
여닫이 창호의
발달

《영조법식》에는 다양한 종류의 창호가 등
장한다. 첫째는 고대부터 존재하던 판문이
고 그 뒤를 이어 판문에 수직 살을 일부 가
미한 조두문烏頭門, 판문 표면에 수직 장식
을 댄 연문軟門, 위는 격자 살이 있고 아래
는 얇은 판자를 댄 재간격자문截間格子門 등 그 종류도 다양하다. 창문
도 파자영창破子欞窓이라고 해서 수직 찰상 문에서부터 창살의 형태에
다양한 기교가 가미된 섬전창睒電窓, 판영창版欞窓 등등이 보인다.

　《영조법식》의 창호편 내용에서 눈에 띄는 점은 여러 이름의 창호
들이 주로 여닫이류에 치중되어 있고 미닫이가 거의 언급되지 않는

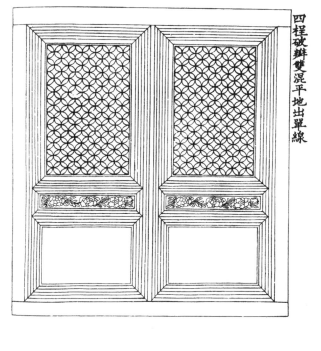

截間格子

四程破瓣雙混平地出單線

《영조법식》 재간격자 창호도 하부에 청판을 대고 위는 장식이 풍부한 창살을 갖춘 여닫이
문. 송나라 때는 이런 세련된 창문이 널리 보급되었다고 짐작된다.

점이다. 또 창의 명칭이 세분되는 기준이 문에 가미되는 장식 처리에 따라 달라진다는 점이다. 미닫이가 거의 보이지 않는 점은 아마도 《영조법식》이 주 대상으로 삼는 것이 나라에서 짓는 고급 건축에 한정되고 민간의 살림집은 거의 다루지 않았기 때문으로 볼 수 있다. 따라서 《영조법식》에 미닫이가 언급되지 않았다고 해서 송대에 미닫이문이 없다고 단정 지을 수는 없다. 그러나 역시 중국인의 주거 생활에서는 미닫이문은 여닫이문에 비하면 제한된 범위에 쓰였다고 볼 수 있다. 그 이유는 무엇보다 당대 이후 중국인의 주거가 침상과 의자를 두는 입식 생활로 전환되었다는 점을 들 수 있다. 의자식 생활이 정착되면서 신을 신고 실내에서 움직이는 경우에 여닫이문이 미닫이에 비해 훨씬 사용하기에 편리했을 것은 당연한 이치다.

이미 《영조법식》에서도 자주 언급되지만 중국의 창호에는 각종 장식이 가미된다. 조두문은 두터운 판문 표면에 수직 문양을 양각한 장식을 넣은 것을 가리키며 파자영창은 창살을 물결 모양으로 곡선으로 조각한 장식문이다. 같은 판문이라도 문 표면에 어떤 치장이 가미되는지에 따라 문의 격식이 달라지고 문이 설치된 집의 위계가 달라지는 것을 의미한다.

명대 이후로 내려가면 문에 다기다양한 장식이 가미된다. 그 장식의 현란함은 보는 사람의 눈이 어지러울 정도이다. 제사 지내는 사당에는 하늘과 땅과 물속 갖가지 짐승이 창살에 새겨지는가 하면 공부

절강성 동양시 곽동촌廓洞村 주택 장식창 동양은 목조각으로 명성이 자자한 곳이었는데, 지금도 이 지역 살림집에서는 현란한 조각을 갖춘 창문을 쉽게 볼 수 있다.

하는 서재에는 각종 서책이나 문방용품의 조각 장식이 가미되고 여성들이 거주하는 곳이라면 꽃과 나비, 포도 등이 현란하게 꾸며진다.

중국 절강성의 동양東陽이라는 곳은 지금도 창문의 조각 장식으로 이름난 곳이다. 마을 입구에는 각종 조각을 가미한 창문을 전시하고 판매하는 곳이 수십 집 늘어서 있고 마을에는 지금도 나무 조각을 평생의 업으로 삼고 일하는 장인들이 주민의 상당수를 차지한다. 운하에 면한 동양은 북으로는 북경에서부터 남쪽의 소주, 항주 등 부호들

산서성 삭현 숭복사崇福寺 미타전 창호 불전 창호는 다양한 형태의 꽃살로 채워져 있다.

이 사는 지역에 물길을 통해 주문받은 창호들을 신속하게 운반하면서
창호 제작을 영위해나갔다. 명대 이후 중국 건축은 이런 장인 집단의
존재를 통해 다기다양한 장식으로 창호를 치장할 수 있었다.

일본에서
미닫이 창호의
보급

일본은 10세기 이전에 제작된 창호가 건물에 그대로 남아 있는 보기 드문 곳이다. 호류지 금당에는 늦어도 8세기 이전에 설치된 것으로 보이는 창호가 그대로 남아 있다. 금당의 판문은 히노키에서 켜낸 한 장의 나무 원판을 그대로 켜낸 것이 달려 있다. 판문의 가장 원초적인 모습인 셈이다. 금당 바깥쪽에 차양칸이 있고 차양칸에는 본 건물보다 후대에 설치된 것으로 보이는 문이 있다. 같은 판문이지만 상부에 살창이 있는 것이 본 건물과 다른데, 이 살창은 살을 끼워놓은 것이 아니고 커다란 판재에서 투각해서 살창을 만들어낸 것이다. 초기에 양질의 목재가 풍부했음을 보여주는 사례라 하겠다.

이후 판문은 몇 개의 널조각을 이어 맞추는 방식으로 변하고 뒷면에 횡부재를 대고 앞에다 못을 박는 방식으로 변한다. 10세기 전후가 되면 판문과 함께 새로운 방식의 문이 등장한다. 시토미蔀라는 문인데, '蔀(부)' 자가 빈지문이나 차양을 가리키는 말이라는 점이 주목된다. 시토미는 한쪽에 격자 형태의 가는 살을 대고 뒷면에 얇은 판자를 댄 모습이다. 시토미의 큰 특징은 이 문이 주로 위아래 두 부분으로 나누어 위는 상부에 철물을 대서 들어열개로 열고 아래는 고정해놓는 점이다. 때로는 시토미 전체를 하나로 해서 들어 여는 경우도 있다. 어느 경우든 시토미는 들어 여는 문이라는 점이 주목되며, 들어 열었을 때 집 안에 햇볕이 들어오는 것을 막는 효과가 있었다. 차양이라는 뜻을 가진 부蔀라고 호칭한 것도 이와 관련이 있어 보인다. 시토미는 주로 불전에서 널리 쓰였으며 대개 9, 10세기부터 14, 15세기경까지 유행했다. 지금도 교토나 나라 인근의 중세기 사원의 본당 건물은 거의 대부분이 위아래 둘로 나뉜 시토미가 외벽을 감싸고 있는 모습을 볼 수 있다. 다만, 사람들이 출입하는 곳은 여전히 두터운 판문이 달려 있는 경우가 많다.

13세기에 중국 남송과 교류가 생기면서 선종이 유입되고 남방의 건축술이 도입되었는데 이 과정에서 이전에 없던 새로운 문도 들어왔다. 일본에서 산카라도桟唐戶라고 하는 것인데, 창살이 있는 당나라 식

나라시 초큐지長弓寺 본당 10세기 이후 일본의 불전에서는 판문과 들어열개 창이 일반적이었다.

문이라는 말쯤 된다. 얇은 판문에 위, 가운데, 아래쪽에 가로대가 노출되고 상부에는 살을 댄 모습의 문이다.《영조법식》에서는 이런 문을 연문軟門이라고 부른 듯하다. 산카라도는 일본 선종 사원에서 전유물처럼 반드시 채택했다. 남송에서 선종을 받아들이면서 불전 창호도 함께 따라온 셈이다. 고려도 송과 교류를 가졌고 송 선종의 영향을 받았지만 이런 창호가 수용되지 않았던 점을 생각해보면 고려와 송의 교류 방식은 일본과는 다른 것이었다는 점을 생각하게 한다.

이후 외부 출입문은 장식이 가미되는 것을 제외하면 큰 변화는 없었다고 볼 수 있다. 반면에 내부의 창호에서는 현격한 변화가 나타났고 그것은 건물 외관에도 영향을 미쳤다. 일본의 불전은 내진과 외진으로 실내가 나뉘는 점이 큰 특징이다. 이때 내진과 외진의 경계 면에 세우는 창호가 중요한 역할을 하게 된다. 이 경계 면에는 주로 미닫이

문이 쓰였다. 문은 수직, 수평 방향으로 두툼한 격자 살을 대고 나머지는 개방하여 외진에 있는 신도들이 내진에 모신 불상을 바라볼 수 있도록 했다. 코시도格子戶라고 부르는 이런 격자 살의 미닫이는 점차 용도가 확산되어 불전은 물론 성곽이나 일반 살림집에까지 확대되었다. 물론 외벽에 설치되는 코시도는 격자 살 안쪽에 얇은 판재를 대서 안이 들여다보이는 것을 막았다.

주택의 경우는 오래된 실례가 없어서 잘 알 수 없지만 일찍부터 주거 생활이 의자를 배제하고 전적으로 좌식에만 의존하게 되면서 여닫이 대신 미닫이가 주로 쓰였다고 짐작된다. 교토 시내의 지쇼지慈照寺 도구도東求堂는 주거 형태로 가장 오랜 유구로 알려져 있다.

1485년에 당대 권력자의 별당으로 지어진 이 건물은 내부에 작은 개인 불당과 서재를 갖추고 있다. 외벽은 상부만 들어 열 수 있는 시토미가 설치되어 불당과 다름이 없지만, 서재 쪽은 외벽 출입은 마이라도舞良戶라고 하는 가는 횡재 안쪽에 판재를 댄 미닫이를 대고, 서재 안에는 아카리쇼지明障子라는 창호지를 댄 수직 창살의 장지를 설치한 모습이다. 이것은 이미 15세기에는 일본의 고급 주택의 창호가 외벽에 마이라도, 내부에 장지를 설치하고 있었음을 보여주는 사례로 꼽힌다.

16세기 이후 고급 주택의 창호는 승려들의 처소에 유구가 제법 남아 있으며 기본적으로는 외부에 마이라도, 내부에 아카리쇼지를 두는

교토시 가쓰라리큐醍醐寺 송금정 일본 건축의 창호는 15세기에 오면 미닫이문 일색으로 바뀐다. 이런 창호는 바닥에 까는 다다미 크기에 맞추어 규격화되었다.

교토시 다이고지醍醐寺 삼보원 후스마라고 부르는 실내 미닫이문에는 유명한 화가의 그림을 그려 넣어 손님에게 자랑거리로 삼았다.

모습이다. 여기에 더해서 두터운 종이를 앞뒷면에 모두 바른 후스마襖라는 장지도 등장한다. 이것은 우리나라의 맹장지와 비슷하다. 특히 집주인이 머무는 방의 후스마에는 유명한 화가의 그림을 그려서 방을 치장하고 손님에게 이를 자랑거리로 삼기도 하였다. 이런 후스마의 그림을 '후스마에' 또는 '장벽화障壁畵'라고 부르는데, 그중에도 금색으로 치장한 금벽 장벽화가 최고 권력자의 주택에 치장되었다.

　마이라도, 후스마, 아카리쇼지는 일본 고급 주택의 기본 요소인 셈인데, 주목되는 점이 이런 창호들이 모두 미닫이라는 점이다. 이것은 전적으로 좌식에 의존한 생활 방식과도 무관하지 않다고 볼 수 있다.

부석사
무량수전의
들어열개 창

현재 국내에 남아 있는 건물에 달린 창호 중에 가장 고식古式의 형태를 갖고 있는 창문은 어느 것일까? 단정하기는 쉽지 않지만 일단 영주 부석사의 무량수전 창호가 가장 유력한 후보라 할 수 있다. 무량수전 창호는 비록 후대에 일부가 교체되었을 가능성은 크지만 그 창호의 형태에 있어서는 가장 고식 중 하나로 보아도 무리가 없을 것이다.

부석사 무량수전 창호는 건물 정면 다섯 칸에 창과 문이 설치되어 있는데 가운데 세 칸은 각각 중앙에 두 짝의 출입문과 좌우 창이 있고 양 끝만은 창이 두 짝씩 설치되어 있다. 각 문과 창호는 위아래에 궁판이라고 부르는 판자를 대고 그 사이는 거의 동일한 규격의 격자 살로 꾸며져 있다. 격자는 살 자체는 두께감이 거의 없는 얇은 폭이지만 깊이가 제법 있고 안쪽에 창호지를 댄 상태다. 문과 창에서 격자의 간격이 미세하게 차이가 있지만 멀리서 보면 거의 차이를 못 느낄 정도다. 중앙 세 칸의 가운데는 밖으로 여는 여닫이로 되어 있어서 이 문으로 출입하도록 되어 있다. 좌우 창은 창 전체가 별도의 창틀로 고정되어 있고 상부에 철물로 고정되어 모두 하나씩 들어 여는 방식이다. 창을 들면 서까래에 고정되어 내려뜨린 고정 철물에 창을 걸도록 되어 있다.

무량수전의 건물 측면은 창이나 문이 전혀 없다. 이 점은 조선 후기 불전에서 출입용 문을 측면에 두는 점과 대조된다. 예불 방식이나 불전 내 쓰임새에 변화가 있었음을 시사해주는 동시에 무량수전의 창호가 조선 후기와는 다른 고식의 방식을 견지하고 있음을 보여주는 점이라 하겠다. 건물 후면을 보면 가운데 세 칸에 각각 판문이 달려 있다. 현재는 이 문은 사용하지 않고 있지만 과거 어느 때까지는 후면 창호를 열어 환기와 통풍, 채광에 쓰였음을 짐작할 수 있다.

부석사 무량수전의 창호에서 특별히 눈길을 끄는 점은 전면의 격자 살을 갖춘 들어열개 창호이다. 격자창살은 조선 후기에도 궁전을 비롯해서 격식을 갖춘 건물 창호에서 쉽게 발견된다. 다만, 무량수전에 나타난 특별한 점은 이 창호들이 들어 여는 방식이며, 각 창호마다 개별 창틀을 갖추고 있는 점이다. 조선 후기 창호는 거의 두 개가 옆

경상북도 영주시 부석사 무량수전 어칸 창호 격자창살에 들어 여는 방식의 창호가 달렸다. 창문마다 독립된 창틀을 갖춘 점도 주목된다.

으로 접히는 분합식으로 되어 있다. 이에 반해서 무량수전은 창 하나가 독립적으로 설치되고 별개의 창틀을 갖추고 있다. 이런 형식이 과연 무량수전이 지어지던 13세기 중엽의 모습인지 여부는 지금으로서는 단언하기 어렵다. 그러나 적어도 이런 유형이 후대 창호에서는 거의 보이지 않는 고식 창호라는 점은 분명하다.

부석사 무량수전과 유사한 창호는 아산 맹씨행단에도 보인다. 맹씨행단은 조선 초기 이전에 지어진 국내 가장 오랜 살림집의 일부로 알려진 건물이다. 맹씨행단 창호는 역시 격자 살에 각 창호가 개별 창틀에 지지되고 들어열개 방식으로 걸려 있는 점에서 무량수전과 동일하다. 예산의 수덕사 대웅전 창호는 1938년 수리 시에 창문 자체는 임의로 빗살로 바뀌었지만 창호 자체는 개별 창틀에 의지되고 들어열개 방식을 갖추고 있는 점에서 무량수전과 공통된다.

부석사 무량수전이나 아산 맹씨행단, 예산 수덕사 대웅전의 창호는 공통적으로 각 창호가 개별 창틀을 갖추고 있고 모두 들어열개 방식을 택하고 있다. 앞의 두 건물 창호는 격자 살로 되어 있다. 이런 점들에서 적어도 조선 초기 이전의 창호는 격자 살에 개별 창틀을 갖춘 들어열개 창이 보편적이었다고 결론지을 수 있다. 한편 11, 12세기 일본의 불전 창호인 시토미 역시 격자 살에 안에 판자를 댄 들어열개 창이었다. 시토미 창은 보통 위아래 둘로 나뉘어져서 창이 가로가 넓고 세로는 좁은 편이고 우리나라 것은 가로보다 세로가 큰 하나의 창호로 이루어진 차이가 있다. 또 일본이 격자 살 뒤에 판자를 댄 데 비해 우리나라는 창호지를 댄 점도 다르다. 따라서 두 나라 창호를 동일 선상에서 비교하기는 어렵다. 다만, 고대의 창호가 판문에 살창 일색이던 데서 변하여 격자 살의 판자나 창호지를 댄 들어열개로 바뀌어나가는 과정에서는 공통점도 보여서 흥미롭다.

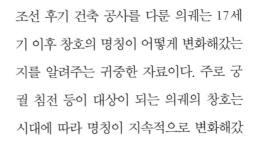

대청의 출입문
세살청판분합

조선 후기 건축 공사를 다룬 의궤는 17세
기 이후 창호의 명칭이 어떻게 변화해갔는
지를 알려주는 귀중한 자료이다. 주로 궁
궐 침전 등이 대상이 되는 의궤의 창호는
시대에 따라 명칭이 지속적으로 변화해갔
음을 보여주며 또한 종류가 다양하게 세분되었음을 알려준다.

1647년(인조 25)에 있었던 창덕궁 침전 일곽의 건축 공사를 다룬
《창덕궁수리도감의궤》의 내용을 살펴보자. 이 의궤에 나오는 창호는
크게 구분해서 문, 호戶, 선좌귀〔先佐耳〕, 분합分合, 지개之介, 사창斜窓, 연
창連窓, 독창獨窓, 쌍창雙窓, 광창廣窓, 걸창〔擧乙窓〕 외에 장지〔障子〕가 나

온다. 사창, 연창은 창살이 빗살이나 수직살인 것을 나타내고 독창과 쌍창은 세살을 갖춘 외짝창호 또는 두짝창호이다. 광창은 개폐되지 않는 일종의 채광창이며 걸창은 들어 여는 창을 가리키는 것으로 짐작된다. 장지는 실내 간막이용이며 수량이 비교적 많은 편이다. 마지막의 장지 외에는 모두 여닫이 계통이며 문, 호, 선좌귀, 지개(종이를 바른 호)가 사람이 출입하는 데 쓰이는 문에 해당하고 나머지는 창들이다.

문 가운데 주목되는 것이 선좌귀다. 그 수량이 한 건물에 열에서 20~30개 정도이고 종류가 세분되어 세살선좌귀, 만살선좌귀, 세살청판선좌귀, 세만살선좌귀 등 다양하다. 살이 수직으로 세워지고 중간중간에 가로 방향으로도 살이 가는 것이 세살선좌귀이며 살이 격자 형태를 이룬 것이 만살선좌귀이다. 하부에 청판을 대면 청판선좌귀라 불렀다. 한자로 先佐耳로 표기되기 때문에 정확히 어떻게 호칭되었는지도 잘 알 수 없기는 하지만 적어도 17세기에 주로 외벽에 설치하는 창호 가운데 가장 사용 빈도가 높았던 창호인 점은 분명하다.

선좌귀는 주로 대청 주변이나 건물 외벽에 설치되었다. 대청에서 좌우 온돌방으로 들어가는 곳, 또는 툇간이 빙 돌아 있는 건물에서 툇간과 외벽 사이 등에 쓰였다. 왕릉 정자각에도 외벽에 선좌귀가 설치되었다. 선좌귀는 여닫이문이며 공통적으로 사람이 서서 움직이는 위치에 설치된 것을 알 수 있다. 기둥 사이에 세 짝 또는 네 짝이 설치되는 것이 보통이며 이때 한 짝은 옆으로 열고 접어서 두 짝을 들어 여

서울시 창경궁 숭문당 격자살과 세살, 그리고 고창을 갖춘 이 건물은 19세기 궁궐의 발달된 창문 형식을 보여준다.

는 방식으로 개폐되도록 했다.

그런데 19세기 의궤에서는 선좌귀란 명칭이 사라지고 보이지 않는다. 대신 선좌귀에 해당하는 호칭으로 세살청판분합, 만살청판분합 등 분합으로 호칭이 바뀐다. 분합은 현재 우리가 일반적으로 부르는 한국 건축의 전형적인 창호 중 하나인데, 언제부터 선좌귀가 분합으로 호칭이 바뀌게 되는지는 불분명하지만 의궤 기록만으로 본다면 18세기 말경이 아닌가 추측된다.

분합은 조선 후기에 오면 궁궐의 침전은 물론 불교 사원의 불전이

서울시 경복궁 경회루 내부 창호 들어열개와 미닫이, 그리고 고창마다 정교한 문양이 치장되어 있다.

나 요사寮舍, 향교나 서원의 강당, 관청의 건물에서부터 상류 계층의 살림집에 이르기까지 광범하게 쓰인다. 대개 대청마루 주변에 설치되는 것이 일반적이지만 누마루나 툇마루 등 사람이 서서 움직이는 곳이라면 거의 대부분의 건물에서 분합문을 볼 수 있다. 만살을 대는 경우도 있지만 세살분합이 흔하다.

온돌방의
머름과
3중 창호

안동의 임청각 정침은 16세기경에 지어진 대저택이다. 이 집은 영남을 주름잡던 큰 학자가 살던 곳으로 유명하고 항일 투쟁에 전 재산을 바친 애국지사의 숨결이 남아 있는 것으로도 이름 높은 곳이다. 아울러 영남에서 가장 오랜 형식의 창호를 간직한 점에서 건축적으로 중요하다. 이 집의 창호는 18, 19세기에 와서 창호가 어느 정도 세련미를 갖추기 이전의 투박하지만 실용적이고 견실한 짜임과 형태를 잘 갖추고 있다.

임청각 정침에는 수많은 온돌방이 있으며 각각의 온돌방은 조금씩 형태가 다른 다양한 모습의 창문이 남아 있다. 안채 쪽 온돌방 창호는 큰 벽에 외짝의 작은 창 하나만 벽 사이에 떠 있는 곳도 있고 두 개의 외짝창이 대칭을 이루기도 하며 두짝창호가 대칭을 이룬 쌍창도 있다. 공통적으로 각각의 창호들은 두툼한 폭을 가진 창얼굴을 갖추었다. 창얼굴이란 요즘 말하는 창틀을 말하는데 옛 문헌은 반드시 문얼굴, 창얼굴이라 했다. 각 창틀은 거의 15센티미터 이상 두터운 목재로 이루어져 있다. 기둥도 상당히 굵은 편인데 여기에 창틀 또한 두툼하여 집이 전체적으로 견실한 느낌을 준다. 또 하나 눈여겨볼 부분은 온돌방 창 하부에 머름이 없는 점이다. 머름이란 창 하단부에 30센티미터 정도 높이로 판자를 대는 것을 가리키는데 이 집에는 머름이 없고 두터운 창틀이 바로 방바닥 높이에 놓이거나 회벽으로 창틀 아래를 가리고 있다. 회벽으로 가린 경우는 실제 창틀은 방바닥 위치보다 높은 곳에 놓이지만 창틀 아래는 목재로 받침재를 대고 외벽에는 회를 발라 창틀이 벽 중간에 놓이듯이 꾸며놓았다. 쌍창의 경우 중간설주라고 하는 가는 기둥이 서 있는 점도 이 집의 주목되는 부분이다. 중간설주는 두짝창문을 달 때 중간에 가는 기둥을 세워서 창을 고정시켜주는 역할을 하는 것을 가리킨다. 창을 단단히 고정시켜주기는 하지만 창 중간에 기둥이 서므로 시야를 가리기도 하고 창으로 밥상 같은 것을 옮기기도 어렵기 때문에 18세기경에 오면 거의 사라지게 된다. 중간설주는 임청각 정침이 조선 중기의 창 형식을 간직한 사

경상북도 안동시 임청각 안채 창호 두터운 문 얼굴과 머름을 대지 않은 고식의 창이다.

례임을 말해준다. 변천 과정으로 본다면, 부석사 무량수전에서 창문들이 각각의 창틀에 고정되던 것이 임청각에 와서는 중간의 틀만 남은 것으로 볼 수 있는 부분이다.

창 아래 머름이라는 판자를 대는 것은 난방을 하는 온돌방과 관련이 깊다. 온돌방의 바닥 높이는 사람이 지면에 서 있을 때 눈높이 정도가 되기 쉬운데 머름이 없다면 창을 열었을 때 실내가 들여다보일 우려가 있다. 머름은 이를 방지해준다. 그러나 머름의 진짜 용도는 난방 시 찬 공기가 창문 아래를 통해 방 안에 들어오는 것을 막는 데 있다. 머름은 높이가 보통 한 자, 즉 약 30센티미터 정도이며 이 정도라면 외부의 시선도 차단시켜주지만 공기의 흐름을 차단하는 데 유효하기 때문이다.

우리나라 살림집 온돌방에 머름이 언제부터 나타났는지는 알 수 없지만 처음에는 임청각 정침처럼 외벽에 머름을 설치하지 않고 단지 창틀을 높이고 그 아래 받침재를 댔다고 생각된다. 그다음 단계로 두 툼한 통재를 창틀 아래 대는 방식이 나타난다. 보통 통머름이라고 부른다. 통머름은 처음에는 창틀 아래만 대다가 시간이 지나면 기둥 사이 전체에 통재를 대는 방식으로 확대되고, 결국에는 창틀 아래 머름중방이라는 통재를 대고 그 아래 판재를 대되 일정한 간격으로 머름동자를 받치는 방식으로 변했다고 짐작된다. 18세기경이 되면 고급 건축에서는 온돌방과 외벽 사이 쌍창이 설치되는 곳에는 거의 다 머름이 설치되었다고 볼 수 있다.

머름은 의궤 같은 문헌에서는 '遠音(원음)'이라고 적는데 이두식 표기라고 생각된다. 이것은 중국이나 일본 건축에서 볼 수 없는 부분이다. 온돌방이라는 것 자체가 중국이나 일본에 없는 것이듯 창호 아래 한 자 높이의 판자를 대는 머름 역시 이들 나라 건축에서 볼 수 없다. 따라서 머름은 한국 건축이 갖는 독자성을 생각할 때 빼놓을 수 없는 중요한 요소가 된다. 머름은 건물의 정면에 그것도 사람들 눈높이 위치에 설치되기 때문에 건물 외관을 꾸미는 데 중요한 부분을 차지한다.

온돌방 창호에서 눈여겨볼 또 다른 부분은 세 겹으로 이루어지는 창호이다. 19세기 의궤에 나오는 창호 명칭 중에 영창影窓, 흑창黑窓, 갑창甲窓이 있다. 이들 창호는 17세기 의궤에는 나오지 않는 것이어서 18세기나 19세기에 와서 새롭게 고안된 창호로 볼 수 있다. 이들 창호는 모두 온돌방 외벽 쌍창의 안쪽에 설치되는 것들이다. 영창은 쌍창 안쪽에 달리는 미닫이창을 가리키는데, 창살도 가늘고 여기에 얇은 창호지를 발라 실내 불빛에 비친 사람 그림자가 어른거린다는 데서 영창이란 이름을 얻은 듯하다. 흑창은 영창 안쪽에 설치하는 미닫이 창인데, 안팎으로 두터운 종이를 발라 보온 효과를 높일 목적으로 설치하는 창이다. 갑창은 영창이나 흑창을 열었을 때 이들이 벽 안쪽에 들어갈 수 있도록 하는 벽장 같은 장치다. 두꺼비집이라고도 부르는데, 벽 쪽에 나무틀을 짜고 두터운 종이를 발라 영창, 흑창이 그 안에 감추어지게 한다. 쌍창이 밖으로 여는 여닫이창인 데 비해 영창, 흑창은 모두 미닫이창이다. 이렇게 19세기에 오면 쌍창, 영창, 흑창 세 겹으로 창을 설치하여 온돌방의 보온 효과를 높이고 밖을 내다보거나 빛이 은은하게 실내에 들어올 수 있도록 하여 방의 환경을 크게 개선하는 효과를 낳았다.

한국 건축 창호의 다양성과 약점

서울 종로구에 있는 운현궁은 우리나라의 수많은 건축물 가운데 가장 발달되고 세련된 모습의 창호를 볼 수 있는 곳이다. 고종이 왕위에 오르기 전에 살던 곳이며 왕이 된 후에 부친 흥선대원군이 크게 고쳐 지었다고 한다. 이 건물의 바깥채인 노안당老安堂은 대청마루에도 잘 짠 세살분합문이 있고 문 위에는 빗살이 정교하게 가공된 고창이 있다. 본래 마당에 면한 대청은 문을 달지 않고 개방하는 것이 원칙이었지만, 19세기경에 오면 실내의 격식을 높이고 아늑함을 얻기 위해 세살분합문을 다는 것이 보통이다. 그러면서 대청이 어두워지는 것을 피하려고 분합문 상부에 채광용 고창을 달았다. 안채에 해당하는 노락당老樂堂은 전형적인 19세기 세겹창호가 잘 남아 있다. 가장 바깥쪽은 여닫이인 쌍창이 있고 쌍창 아래는 정교하게 다듬은 머름이 길게 이어지며 쌍창 안쪽에 영창, 흑창이 나란히 놓이고 영창과 흑창이 숨어 들어가는 갑창도 갖추어져 있다. 실내에서는 하부 머름이나 갑창 부분이나 모두 흰 도배지로 감싸서 전혀 창의 흔적을 볼 수 없다. 이처럼 실내를 바닥에서부터 벽, 천장까지 흰 종이로 싸바르는 것이 조선 후기 내부 마감이었다.

눈길을 끄는 부분은 두짝쌍창이 서로 만나는 부분에 만들어놓은 풍소란이다. 한쪽 창 끝을 약간 돌출시켜 동그랗게 다듬고 다른 쪽 창은 약간 파내서 창문을 닫으면 완전히 밀폐가 되어 바깥 찬 공기가 안으로 들어오지 못하도록 한 것이다. 본래 이런 고급 건물은 외벽도 다 흰 종이로 발랐다. 도배지로 건물 안팎을 다 바른 셈인데, 도배지가 쌍창의 창틀에 접하는 부분에는 창틀을 돌아가며 약 1~2밀리미터 두께로 따냈다. 도배지를 발랐을 때 목재 면과 일치하도록 하기 위한 세심한 배려다. 운현궁의 창문들을 보면 그 섬세하고 세밀한 가공에 경탄을 금치 못한다. 본래 조선 말 궁궐이나 다른 고급 건물에도 이와 유사한 부분들이 많이 있었겠지만 금세기를 지나면서 거의 보존되지 못하고 운현궁 정도가 겨우 살아남은 셈이다.

지방으로 가면 강릉 선교장이 비교적 고급스러운 창호들이 좀 남

서울시 운현궁 노안당 창호 쌍창, 영창, 갑창의 3중창으로 되어 있는 가장 발달된 단계의 창문이다.

아 있는 셈이다. 특히 활래정 내부에는 온돌방 안쪽 갑창 부분에 멋진 필체의 서화들이 있다. 본시 우리나라 주택의 실내에는 이런 서화들이 많이 있었다고 전하는데 지금 그 모습을 볼 수 있는 곳은 참으로 드물다. 운현궁에도 한때는 많은 서화들이 창호 안쪽에 있었다고 하지만 지금은 흔적을 볼 수 없다. 선교장은 건물 규모도 크지만 창호의 다양함에 있어서도 단연 압권이다. 일일이 숫자를 헤아리기 어려울 정도로 다양한 종류의 창호가 용도를 달리하는 여러 건물에 달려 있다. 논산의 명재고택도 충남 사대부가의 품격을 잘 보여주는 집이며 이 집 창호들도 다양하기 이를 데 없다. 일일이 확인해보지는 않았지만 아마도 그 종류로 따지면 서른 가지가 훨씬 넘지 않을까 싶다.

19세기 의궤를 보면 정말로 다기다양하게 세분된 창호의 명칭을 접하게 된다. 실내 내부에 설치하는 간막이인 장지만 해도 연창장지, 완자추장지, 만살장지, 만살횡장지, 상하횡장지, 연창문얼굴장지, 지벽장지 등이 등장한다(1834년, 《창덕궁영건도감의궤昌德宮營建都監儀軌》).

이처럼 창호의 종류가 많은 것은 무엇보다 온돌방과 마루, 흙바닥으로 이루어진 실내 바닥 구조의 다양함과 관련이 있다. 흙바닥은 채광과 환기를 위해서 그에 맞는 창호를 설치하고, 대청은 대청대로 거기에 맞게 각종 분합문을 달고 고창을 설치하고 판문을 달았다. 마루는 사람들이 앉아서 일을 보기도 하지만 서서 움직이는 일도 많기 때문에 이런 움직임에 따라 설치되는 창과 문이 각기 다른 모습이었다.

또 온돌로 오면 여기는 마루와 정반대로 주로 앉아서 생활하는 데 알맞게 창과 문이 달리고 난방의 효과를 높이기 위한 다양한 창들이 설치되었다. 이렇다 보니 그 종류가 간단히 30종을 훌쩍 넘어서는 것이었다. 구체적으로 비교해서 헤아려본 적은 없지만

강릉시 선교장 활래정 창호 본래 창문 양옆에는 서화가 있어서 실내의 품격을 높였지만 지금 이런 모습을 온전히 남기고 있는 집은 드물다.

아마도 중국이나 일본의 주택에는 이렇게 다양한 종류의 창호가 한 건물에 설치되지는 않았지 않나 생각된다.

그런데 창호의 종류가 이렇게 다양한 것을 과연 어떻게 평가해야 하는지는 쉽지 않은 문제이다. 물론 창호의 다양성은 한 건물 안에서도 실내에 따라 변화가 많고 지루하지 않고 색다른 즐거움을 줄 수 있는 가능성이 많으므로 긍정적으로 볼 만하다. 그러나 이런 다양함을 만들어내기 위해서는 불필요하게 많은 공력이 들어가고 집 짓는 비용도 높이는 부작용도 생각해볼 수 있다.

18세기 중엽, 중국 사행단의 일원으로 북경을 방문하고 돌아온 박제가朴齊家는 중국의 앞선 문물과 낙후한 조선의 현실을 비판하는《북

학의北學議》를 쓰면서 일본의 주택에 대해 다음과 같은 글을 남겼다.

일본의 주택은 구리기와, 나무기와의 차등은 있으나 집 한 칸의 넓이와 창호의 치수는 위로는 왜황과 관백에서부터 아래로는 서민에 이르기까지 차이가 없다. 예를 들어 한 집에서 부족한 것이 있으면 사람들은 모두 그것을 시장에 나가 사 온다. 만약 이사라도 하면 장지문, 탁자 같은 물건이 부절符節(돌이나 대나무, 옥 따위로 신표로 삼던 물건. 둘로 쪼개었다가 뒤에 서로 부합하는지 맞추어본다)을 합한 듯 서로가 맞는다. 주관周官에서 기술한 제도가 도리어 바다 속 섬에 가 있을 줄을 생각지도 못했다.

– 《북학의》〈내편內編〉 궁실宮室

이 글은 조선의 주택들이 반듯하고 제대로 된 것이 없이 기울고 울퉁불퉁하여 불편하고 누추하다는 점을 강조한 마지막 대목에 나오는 것으로, 오히려 일본 주택의 창문들이 규격이 잘 맞아서 시장에서 문짝을 사다 달 수 있을 정도이며 먼 옛날 주나라의 이상적인 제도가 섬나라에 있을 줄이야 하며 탄식하고 있다.

실제로 17세기 이후 일본 주택의 창호는 바닥에 까는 다다미의 치수가 가로 석 자, 세로 여섯 자와 일치되도록 해서 일정한 규격에 의해 통일되고 있었으며 이러한 통일성은 집 짓는 비용을 절약하고 공사 기간을 줄일 수 있다는 점에서는 시대를 앞서 간 점이 있었다. 조선 후기 창호는 이런 점과는 거리가 멀었다. 여전히 창호는 공사 현장에서 그때그때 집의 상황에 맞추어 현장 제작되었고 창이 놓이는 위치나 용도에 따라 서로 다른 형태와 규모로 설치되었다. 이것이 한편으로는 실내의 다양성을 만들어주었지만 다른 한편으로는 집 짓는 작업의 능률을 저하시키고 비용을 높이는 결과를 낳았다.

톺아보기 6

창호지 이야기

《후한서後漢書》에 따르면 환관인 채륜蔡倫이 종이를 발명한 것
으로 언급하였고 이를 근거로 오랫동안 채륜은 종이의 발명자
로 각인되어왔다. 그러나 최근의 고고학적 성과에 따르면 채륜
이 살던 시기보다 200년 전에 이미 초기 단계의 종이 유물이
속속 발견되어《후한서》의 내용을 의심하게 되었다.《중국제지
기술사》(반지썽潘吉星, 조병묵 옮김, 광일문화사, 2002)에서는 종이는
채륜 이전부터 있었으며 채륜은 종이의 품질을 개선하는 데 기
여한 것으로 풀이하고 있다. 아무튼 종이가 적어도 한나라 때
출현한 것은 분명하며 그것이 건물의 창호지로 이용된 이른 문
헌 기록으로《운선잡기雲仙雜記》빙지憑贄에 8세기 인물인 양염
楊炎이 그의 집 후각에 도화지桃花紙를 창호지로 해서 밝음을 취
했다는 기사가 소개되고 있다. 한편 고구려 승려 담징은 610년
일본에 가서 종이 만드는 법을 전해주었다는 기사가《일본서
기》추고천황推古天皇조에 나온다. 따라서 종이는 일찍 한반도
에 전해지고 이것을 7세기에는 일본에까지 전해준 것을 알 수
있다.

한반도나 일본열도의 건물에 언제부터 창호지가 등장했는지는 잘 알 수 없지만, 중국에서 8세기 이전에 창호지 사례가 나타나는 것으로 미루어 그보다 조금 늦은 시기에는 사용되었을 가능성을 점쳐볼 수 있다. 이후 창호지는 동아시아 건축의 실내 환경을 비약적으로 향상시켰다. 여기서 한 가지 흥미를 끄는 점은 중국이나 한국에서는 창문에 창호지를 바를 때 종이를 창살의 안쪽에 바르는 데 반해서 일본에서는 반대로 창살 바깥쪽에 창호지를 바른다는 점이다.

종이를 창살 안쪽에 바르면 밖에서 창살이 보이게 된다. 중국과 한국은 이런 방식을 택했다. 그 덕분에 중국 창호의 현란무쌍한 창살 조각은 외부에 있는 사람들에게 볼거리를 제공한다. 한국의 창살도 완자살이나 아자살 등 제법 장식이 있는 편이며 이런 창살무늬가 외부에 노출된다. 그런데 일본의 경우는 종이를 창살 바깥쪽에 바르므로 밖에서는 창살이 보이지 않는다. 창살 자체도 거의 수평 수직의 단순한 직각 방향의 살로 이루어져 있다. 이런 방식이 일본에서는 언제부터 정착되었는지 아직 정설이 없지만 실례와 그림 자료 등을 종합해볼 때 늦어도 15세기 이전으로 거슬러 올라간다고 본다. 이것은 창호지의 성능 면에서는 큰 차이가 없지만 건물 외관에는 적지 않은 차이를 만들어준다.

왜 유독 일본에서만 창호지를 바깥쪽에 붙이게 되었는지에
대해서는 아직 납득할 만한 설명이 보이지 않는다. 관심 있는
분들의 탁견이 기다려진다.

7

휘황찬란한 아름다움,
채색과 조각의 세계

중국 건축의 채색과 장식

중국 음식 하면 떠오르는 것이 기름에 지지고 튀긴 다양하고도 요란한 요리다. 그러나 중국인들이 이렇게 기름기 많은 음식을 일상에서 먹게 된 것은 먼 옛날부터의 일이 아니다. 대략 10세기경이 되어 고온의 화력을 내는 석탄이 조리에 활용되고 깊숙한 철제 냄비가 널리 보급되고 나서의 일이다. 그 전까지 중국인들의 음식은 훨씬 단조로운 것이었고 더 거슬러 올라가서 한나라 때쯤에는 곡물은 시루에 찌는 것이 주류였고 고기도 생식을 하거나 말리거나 간단히 구워 먹는 정도였다.[72]

건축의 채색이나 장식도 이와 비슷한 과정을 거쳤다. 고대로 올라가면 치장이라면 간단한 채색을 하는 정도에 머물렀고 조각 장식은 특정한 곳에 한정해서 치장되는 정도였다. 그러던 것이 원대를 거쳐 명·청대에 오게 되면 현란한 조각 장식이 온통 건물을 뒤덮게 된다.

중국에서 건축물에 색채를 칠하는 전통은 이미 춘추전국시대 이전으로 거슬러 올라간다. 《논어》공야장公冶長편[73]에는 고관의 사치를 경계하는 글 중에 "산절조절山節藻梲", 즉 기둥머리에 산을 조각하고 대들보 동자기둥에 채색을 한 것을 지적한 내용이 등장한다. 후한後漢대에 오면, 〈서도부西都賦〉나 〈동도부東都賦〉 등 도성의 모습을 노래한 글 가운데 붉고 푸른 채색으로 단장한 건물 모습을 구체적으로 언급한 대목이 자주 등장하는데 〈오도부吳都賦〉에서는 손권이 건업에 세운 궁실을 이야기하면서 "창은 푸른 칠한 연쇄문에 기둥은 주칠을 하고 운기문을 도안하고 신선영이를 그렸다(靑鎖丹楹, 圖以雲氣, 畵以仙靈)"고 적었다.[74] 이처럼 건물에 채색을 하는 것은 중국 건축의 오랜 전통으로 이어져왔으며 그것은 건물에 색채를 가미하여 격식을 높이는 동시에 목재의 부식을 방지하는 효과를 꾀한 것이었다.

한대에는 채색 외에도 부분적으로 장식이 건물에 가미되기 시작했는데, 장식의 소재로 하늘의 신령이나 땅의 귀신, 뛰어난 학자, 용맹한 남자와 어진 여성, 일월성신日月星辰과 파도와 운기運氣, 짐승과 화초 등 자연과 인간사의 여러 모습들이었다. 그런 사례의 편린을 화상전이나

산서성 태원 운강 석굴云岡石窟 내부 채색 실내를 붉고 푸른 색채로 장식하는 전통은 일찍부터 중국에서 나타났다. 이 석굴에 묘사된 기둥이나 창방, 공포 부분에도 채색의 흔적이 잘 남아 있다.

도자기, 전돌 또는 기와 문양에서 확인할 수 있다. 남북조시대에 오면 장식은 각종 문양과 색채에서 한층 다양성을 보여서 처마 마구리의 채색 장식에서 금이나 옥으로 꾸민 건물 벽체의 치장에 이르기까지 다채로워진다. 특히 이 시기 목조건물의 세부에는 페르시아의 문양도 등장하고 불교 도입에 따른 채색 치장이 큰 몫을 차지한다.

수·당대는 이러한 장식 문양이 완성 단계로 도약하는 시기로 평가된다. 특히 목조건물의 표면에 나타나는 채색은 더 정교하고도 다양하게 나타나서 건물 구석구석에 이르기까지 채화가 빠지는 곳이 없을 정도가 된다. 돈황 막고굴의 제148, 172굴의 건물 표현은 이 시기 채색의 수준을 가늠할 수 있는 대표적인 사례로 꼽힌다. 또한 산서 불광사 대전의 내외 두공이나 창방 등에도 당시의 채화 흔적을 찾아볼 수 있다. 당대에는 세부의 채화뿐 아니고 건물 전체에 장식이 가미된다. 건물 바닥은 문양전을 깔고 기단은 각종 조각 문양이 새겨지고 문이나 창호와 실내 천장 등이 온통 화려한 장식으로 꾸며진다. 이런 수·당대 건축의 장식 수법은 인근 한반도나 일본에 전파되어 주변 지역 건축을 크게 변모시켰다.

《영조법식》은 전체 34권 가운데 3개 권을 채화彩畵 장식에 할애하여 12세기 중국 건축에서 채화 장식이 큰 비중을 차지했음을 잘 보여준다. 그 내용에서는 구체적인 채색 방법, 안료의 제작, 시공상의 요령, 도안의 특징 등을 상세히 기술하여 당대 이래 발전해온 중국 건축 채화의 기술적인 제반 사항을 망라했다. 《영조법식》이 채화에 많은 지면을 할애하고 상세하게 그 세부 기법을 규정한 데 비하여 조각 장식에 대해서는 크게 다루지 않았다. 이 점은 송대까지 중국 건축의 장식이 채색에 중점을 두고 있었음을 보여준다.

송의 뒤를 이어 몽고족이 지배하는 원대에 들어가면서 건축 장식의 분위기는 크게 달라진다. 원대 지배층은 건축 장식의 화려함을 추구하고 강렬한 색채를 즐겨 사용했다. 원나라 대도의 궁전 모습을 언

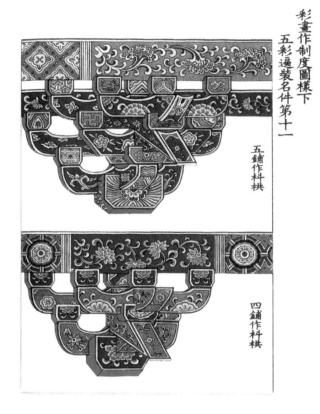

彩畫作制度圖樣下
五彩遍裝名件第十一

五鋪作枓栱

四鋪作枓栱

《영조법식》권33 채화작제도彩畫作制度 도양圖樣 공포 부분을 가득 메운 채색 장식급한《철경록輟耕錄》에서는 대도의 궁전이 "모두 금으로 바닥을 깔고 문짝은 주칠에 기둥은 붉게 칠했으며 천장은 채색 그림에 벽은 조각 장식을 하고 유리기와가 지붕을 장식했다"고 기록했다.[75] 여기서 주목되는 부분이 유리기와의 등장인데, 원대에는 궁전이나 사묘에 유리와라고 하는 채색 기와를 즐겨 사용했다. 지금도 산서 영락궁에서 그 흔적을 볼 수 있다.

명·청대는 건축의 채색과 조각 장식에서 최고조의 성과를 이룬 시기로 평가된다. 이 시기에는 건물 구조 자체에서 더 이상 새로운 창안이 나타나지 못했는데, 장인들은 그들의 기량을 구조적 창안 대신에 현란한 조각 장식으로 대체한 셈이다. 이 시기 채색에서는 이슬람 건축의 영향이나 티베트에 기원을 둔 라마교의 영향이 나타나서 색다른 채색 도안이 창출되었다. 북방과 남방의 지역적 차이도 보여서 북방의 채화가 깊고 무거우며 화려한 데 비해서 남방은 단아하면서 맑은 기풍을 보였다.[76] 기술적인 측면에서는 단지 목재 표면에 색채를 가미하는 데 그치지 않고 유회油灰를 두텁게 바르고 그 위에 마 같은 천을 여러 겹 감싸고 다시 회를 바른 후에 채색을 발라 수명이 오래가고 강렬한 색채가 드러나도록 하는 기술 진전도 나타났다.

원대에 시작된 유리기와는 명·청대에는 더욱 널리 확산되어 황색, 청색 등 다양한 색채로 빛나는 지붕을 연출하게 되었으며 지붕뿐 아니라 벽체에도 채색 도자편을 치장하는 경향이 퍼졌다. 특히 황실과

산둥현 곡부 공묘孔廟 대성전 기둥 돌기둥 전체를 꿈틀대는 용으로 조각하여 건물의 위용을 더했다.

관련한 건물에는 아홉 마리 용을 채색 도자로 장식한 9룡벽이 유행하였다.

조각 장식은 이 시기 건축의 가장 특징적인 부분이어서 창살의 다양한 문양은 물론이고 건물 전면 사람들의 시선이 많이 가는 곳에는 기둥을 돌로 세우고 기둥 전체를 꿈틀거리는 용으로 조각하는 일이 널리 성행했다.

채화 장식이라는 측면에서 명·청대 건축은 역사적으로 그 정점에 도달했다고 해도 과언이 아니며 그 현란한 치장 면에서는 다른 지역의 추종을 불허하였다. 그 전통은 20세기 이후에는 타이완으로 계승돼갔다.

고대 한반도와 일본열도의 채색과 조각 장식

고구려 고분의 벽화는 고구려의 건축이 화려한 채색으로 치장되었음을 잘 보여준다. 평안남도 강서군 수산리 고분의 벽화는 화려한 채색 복장을 한 인물들과 함께 정교한 문양에 다양한 채색이 가미된 건물의 창방과 그 위에 놓인 인ㅅ자형 화반이 묘사되어 있으며 평양 쌍영총역시 채색으로 치장된 8각 기둥과 그 상부의 채색 인ㅅ자형 화반을볼 수 있다. 무용총 역시 주칠을 한 기둥과 그 상부 횡부재들이 묘사되어 있다. 이런 채색 장식은 중국의 남북조시대 운강 석굴의 건물 장식과 맥을 같이하는 것으로 볼 수 있다.

나라 호류지 금당은 현존하는 목조건물에 채색이 남아 있는 가장 이른 시기의 사례인 셈이다. 건물 기둥의 주칠은 후대에 다시 칠한 것이라고 하더라도 건물 주변 벽에 그려진 서방정토의 부처 모습이나 상부 작은 벽에 그려진 춤추는 천인상天人象이나 천장판의 연화蓮花, 천개天盖의 채색은 금당 건립 시의 채색으로 인정된다. 나라 도쇼다이지唐招提寺 금당에도 목부에 칠한 주칠이나 서까래 마구리의 황토색, 살창의 녹청색 등은 이 건물의 창건 또는 적어도 10세기 이전의 채색으로 알려져 있다. 최근 이 건물 판문을 수리하면서 문을 지지하던 철물 안쪽에 남아 있던 선대의 채색이 발견되었는데 녹색과 적색을 기조로 한 구름 문양이 화려하게 치장되었던 모습이 발견되기도 했다.

채색 장식은 11세기까지도 이어졌다. 교토 다이고지醍醐寺 5층탑(952년)이나 뵤도인平等院 봉황당(1053년)은 몇 안 되는 이 시기 채색을 보여주는 사례다. 특히 봉황당은 내부 기둥에 붉은색을 기조로 한 화려한 채색과 비천상 등 각종 조각물이 실내를 가득 채운 장관을 연출했던 흔적이 잘 남아 있다.[77]

폭발적인
장식의 유행

모모야마 스타일

12세기로 접어들면서 일본의 건축은 채색이 서서히 퇴조를 보이는 대신 건물 세부에 목조 조각이 조금씩 나타나기 시작한다. 이 시기에 일본은 중국 남쪽 장강 유역을 통해 새로운 건축 형식을 수입하여 도다이지 대불전을 짓거나 새롭게 선종 계통의 사원을 지었는데 이런 건물들은 당시 장강 유역의 건축 성향에 따라 채색을 기피하고 부재 세부에 약간의 조각 장식을 하는 데 그쳤다. 조각은 주로 창방 뺄목같이 외부에서 사람들 눈에 잘 띄는 부분에 이국적인 곡선 장식을 꾸미는 정도였다. 이런 경향에 자극받아서인지 기존의 건축 형식이던 와요 식의 건축에서도 화반을 장식적으로 조각하는 방식이 유행했다.

가에루마타, 즉 화반은 사람들 눈에 잘 띄는 곳이어서 이곳을 단순하게 넓적다리 형상으로만 남겨두지 않는 것은 당연한 일이었다. 양 다리 형상은 점차 날씬하고 곡선이 강조되더니 중간중간에 돌기 모양의 장식이 가미되고 나중에는 초각 문양까지 등장하여 현란한 치장을 이루게 된다. 이것은 장식이 거의 없는 중세기 일본 건축에서는 특이한 부분인 셈이다. 채색의 전통도 완전히 사라진 것은 아니어서 특별한 경우에는 화려한 채색 장식을 가미하는 경우도 있었다. 교토의 대표적 선종 사원 중 하나인 도후쿠지東福寺 산문의 상층 내부에는 화려한 조각상과 함께 건물 곳곳에 채색 흔적이 선명하게 남아 있다.

소극적으로 채색을 하거나 조각 장식을 하던 일본 건축은 16세기 말에 오면서 갑작스럽게 초호화판의 극단적인 채색과 조각 장식의 봇물을 이루게 된다. 그 직접적인 계기는 이 시기에 와서 전국의 지배권을 장악한 권력자의 출현과 이들의 과장된 장식 욕구에 있다고 볼 수 있다. 오다 노부나가의 아즈치성이나 도요토미 히데요시의 후시미성과 오사카성은 극단적으로 화려함을 드러낸 곳이다. 이를 위해서 전국에서 뛰어난 장인들이 동원되고 이름난 화가들이 실내를 장식하는 데 참여했다. 특히 화가들은 실내의 두터운 맹장지인 후스마 벽면에 금빛 찬란한 그림을 그려 실내를 꾸몄으며, 이런 장벽화는 이후 일본의 주택 내부를 꾸미는 중요한 요소로 자리 잡게 되었다.

시가현 초주지長壽寺 본당 가에루마타 15세기 이전까지 일본 건축의 장식은 화반을 꾸미는 정도의 소극적인 것이었다.

이런 극단적인 치장은 17세기 초까지 짧은 기간에 나타났지만 그 효과는 적지 않아서, 일본에서는 이 시기 현상을 후시미성이 있던 곳의 지명을 따서 모모야마桃山 양식이라는 이름으로 구분 짓고 있다. 이 모모야마 양식의 대미를 장식하는 것이 닛코日光에 세운 도쿠가와 이에야스의 사당인 도쇼구東照宮이다. 도쇼구의 중문인 가라몬唐門을 비롯해서 사당이나 주변 전각에는 금색, 백색, 흑색 등 이전에 잘 쓰이지 않던 각종 색채를 적극 활용한 채색과 다기다양한 각종 조각물

교토시 니시혼간지西本願寺 당문 16세기에 최고 권력자들을 위한 건물에는 극단적으로 현란한 장식이 출현했으며 이를 모모야마 양식이라고 부른다.

이 건물 전체를 가득 채우는 방식으로 장식 예술의 극단을 보여준다. 이런 성향은 이후 일부 신사 건물에도 나타나서 한동안 극단적인 채색이 유행했다.

건물에 옻칠을 하는 것도 이 시기에 나타난 새로운 경향이었다. 옻칠은 작은 공예품에 주로 채용되었지만, 이 시기 특권층과 관련한 건물에서는 건물 전면에 옻칠로 검게 치장하고 테두리를 금색으로 단장하는 것이 나타나 눈길을 끌었다. 검은 옻칠 바탕에 금빛 윤곽선을 한 치장은 부귀와 권위를 상징하는 치장물이었다. 닛코의 사당 건물은 대표적인 사례이며 센다이仙台시에 있는 요도쿠인陽德院 오타마야御靈屋는, 멀리 동북 지방에서까지 외벽은 검은 옻칠로 치장하고 내부는 금박으로 벽을 둘렀으며 출입문이나 화반에 금색과 극채색을 장식하여 눈길을 끈다.[78]

그러나 모모야마의 열풍이 지나고 나면서 이런 장식 성향은 서서히 사라지고 일본의 건축은 다시 채색을 기피하는 단조로운 모습으로 돌아갔다. 17세기 이후 일본 건축은 외부에 채색을 거의 하지 않고 단지 목재의 방부 효과를 높이기 위해 서까래나 첨차 마구리 부분을 희게 칠하는 것에 그쳤다. 그 결과 흰색의 마구리와 검게 퇴색한 몸체가 주는 강한 대비 효과가 독특한 인상을 주게 되었다. 그러나 조각 장식만은 예외적으로 17세기 이후로 열기를 더해갔다. 특히 서민들이 즐겨 찾는 불교 사원이나 신사의 출입문 같은 곳에서 극단적인 조

나라시 하세데라長谷寺 산문 17세기 이후에는 상상의 동물이나 중국 고사를 주제로 한 조각 장식이 전국에 걸쳐 유행했다. 이런 조각을 전문으로 하는 조각사들도 나타났다.

각 장식으로 나타났다. 장식의 주제는 코끼리, 봉황이나 용 등 실제로 볼 수 없는 상상의 동물로 나타나거나 중국의 고사에 나오는 인물이나 사건 등을 표현하는 방식이었다. 마침 이 시기에 오면 목수들이 사용하는 연장이 다양하게 발전하고 조각을 하는 기량도 원숙한 경지에 이르게 되어, 건물 하나를 짓게 되면 집의 뼈대는 간단히 일을 마치고 기량과 열정을 조각 장식에 쏟아붓는 경향이 나타났고 때로는 이런 조각만 전문으로 하는 조각 장인도 나타나게 되었다.

고려·조선시대
건축의 채색

단청丹靑이라는 용어는 중국이나 일본에서는 잘 쓰이지 않는 듯하다. 우리나라에서는 이미 고려시대 문헌에 건물에 채색 치장을 하는 의미로 단청이 쓰인 용례를 이규보의 《동국이상국집》(고율시古律詩 노무老巫 편)에서도 볼 수 있어서 그 연원이 오래다. 다만 고려시대 단청이 과연 어떤 모습을 하고 있었는지를 지금 판단하기는 쉬운 일이 아니다. 짐작하기로는 적어도 고려시대의 단청은 지금 우리가 보는 조선 말기 이후 단청처럼 녹색 위주의 바탕칠에 양 끝에 황색이나 주홍빛 장식을 하는 것과는 많이 달랐던 것으로 판단된다.

경상북도 안동시 봉정사 극락전 닫집 측면 공포 오래된 단청으로 보이는 이 부분은 요즘 우리 눈에 익숙한 녹색 위주 단청과 전혀 다른 모습이어서 주목된다.

2005년에 안동 봉정사 극락전의 해체 수리가 있었는데, 이때 실내 닫집을 밖으로 옮기는 일이 있었다. 닫집을 치우자 닫집에 맞닿아 있어서 그동안 드러나지 않았던 부재 일부가 노출되었는데, 그곳에는 이제까지 보지 못한 독특한 모습의 단청이 칠해져 있었다. 주로 첨차의 마구리와 몸체에 칠이 남아 있었는데 마구리는 독특한 형상의 문양에 거의 붉은색이 주류를 이루는 화려한 색상이 나타났다. 만약 이 부분이 고려시대 이 건물이 지어질 당시의 채색 부분이라면, 고려 때 봉정사 극락전의 실내는 요즘의 단청과 전혀 다른 온통 붉은색 위주의 채색으로 가득했을 것이란 생각이 든다. 수덕사 대웅전은 1938년에 해체 수리를 하면서 고려시대 것으로 추정되는 단청의 일부가 대들보 양 끝에서 확인되었는데, 웅혼한 자태의 용이 그려진 모습이었다. 또 실내 벽면에는 커다란 꽃이 만개한 모습의 채색 벽화도 나타났다.

충청남도 예산시 수덕사 대웅전 내부 1930년대까지 실내 좌우 벽면에 화려한 채색화가 있었고 대들보 양 끝에는 선명한 용 그림이 남아 있었다. 지금은 용 그림의 흔적만 겨우 확인할 수 있다.

이처럼 고려시대의 단청은 조선 말과는 크게 다른 모습이었을 가능성이 높지만 이런 부분의 조사와 연구가 부족해서 무어라 단정하기는 어렵다. 조선시대에 들어와서도 500년이라는 긴 시간을 거치면서 단청의 색상이나 문양에 적지 않은 변화가 있었을 것은 분명하지만 이 부분도 명쾌하게 설명을 하기는 쉽지 않다. 아주 거칠게 그 변화상을 말한다면, 조선시대에 들어오면서 단청의 색조가 녹색이 큰 비중을 차지하게 되고 '휘'라고 부르는 선들이 다양하게 나타나고 부재 끄트머리에 가면서 황색, 적색, 청색 등으로 채색 문양을 하여 색상에 다양성을 가미하는 경향을 보인다고 하겠다. 전체적으로 보면 그 색상이나 문양은 중국의 명·청대 채색에 비하면 매우 단조로운 편이다. 그러면서도 고식의 풍모를 잃지 않고 있는 것이 조선시대 단청이 가진 특성이 아닌가 생각된다.

조선시대 건축의 단청은 안료 생산이 일정한 지역에 한정되고 지나치게 화려한 치장을 경계하는 유교적 가치관이 팽배해지면서, 소박하면서 강렬한 채색을 기피하는 경향으로 정착된 것으로 보인다. 단청의 안료는 바탕칠에 쓰이는 뇌록이 경상도 장기현의 뇌성산에 국한되어 생산되고 여타의 안료들도 그 생산이 제한적이어서, 다양성이 줄어들고 전국적인 획일화 경향을 띠지 않을 수 없었다고 짐작된다. 당주홍이나 왜주홍 같은 화려한 색상을 지닌 안료는 중국이나 일본의 수입품이어서 그 사용이 제한되었다.

여기에 더하여 사회 지배층이 성리학적 가치에 경도되어 건물의 치장을 기피하는 바람에 화려한 치장의 사회적 수요는 더욱 한정되었다. 겨우 불교 사원이 과거의 채색 전통을 이어, 금단청이라고 하는 금색 치장이 가미된 단청을 했지만 사원의 열악한 재정 여건 탓에 그것도 여의치 않았다. 결국 조선 후기에 와서 단청은 한정된 몇몇 색상을 기조로 해서 소박한 채색과 제한된 문양에 의존한 모습으로 19세기로 이어졌다고 보인다.

이런 어려운 여건 속에서도 조선 후기 단청은 중국, 일본의 그것과 구별되는 고유한 색상과 문양을 유지해나갔다. 그 배경에는 고려시대 이래로 형성돼온 고식의 기법이 사라지지 않고 유지돼온 점과 이를 살려내기 위해 대를 이어가며 노력해온 승려 단청장들의 노력이 있었다. 이미 17세기경이 되면 중국의 채색은 북방 지역은 지나치게 색상이 화려함을 추구하고 남방은 과거의 규범을 깨뜨리고 서양식 화풍이 가미된 채색화를 도입하는 등 본연의 모습에서 벗어나고 있었다. 일본 역시 일부 특정 건물을 제외하고는 오히려 더 단조로운 채색을 선호하여 부재 마구리만 흰색으로 처리하는 성향으로 바뀌었다. 이런 상황에 견주어볼 때, 조선 후기 단청은 송·원대의 고식 채색의 전통을 충실하게 견지하면서 자연스러운 색상과 안정된 문양을 유지해나갔다고 평가할 수 있다.

조선시대 건축의 조각 장식

현존하는 몇 안 되는 고려시대 건축물에서 조각 장식을 찾아보기는 어렵다. 원주 법천사지의 초석은 주좌 부분에 꽃잎 형상을 새기고 초석 몸체에도 깊은 음영을 남긴 음각을 새기는 등 눈길을 끄는 치장이 보인다. 그 곁에 있었던 지광국사 현묘탑도 탑신에 정교한 조각이 가미되고 지대석 네 모서리에는 용의 발톱을 보는 듯한 조각이 펼쳐져 있다. 이런 고려시대의 석조물로 미루어 적어도 고려시대 건물에는 제법 눈길을 끄는 화려한 조각 장식이 있었음직하지만 실물이 거의 없으니 함부로 이야기할 수도 없다. 조선시대의 건물도 16세기 이전 것은 남아 있는 사례가 손에 꼽을 정도로 몇 동밖에 없고 역시 눈에 띄는 조각은 잘 안 보인다. 그러나 17세기 이후 목조건물을 살펴보면 적지 않은 조각 장식이 눈에 띄고 특히 18세기에 오면 실내외에 다양하고도 생기 넘치는 장식물이 나타나 조선시대 건축도 동 시기 중국, 일본의 건축과 궤를 같이하고 있었음을 알 수 있다.

조각 장식의 출발은 창방이나 보의 뺄목 치장으로 시작되는 듯하다. 예천 용문사 대장전은 창방 뺄목에 물고기를 비롯한 각종 조각물이 등장하는 이른 사례이며 강화 전등사 대웅전 역시 17세기 이전에 이미 부재 세부의 조각 장식이 상당한 수준으로 도달했음을 보여준다. 이런 조각 장식은 서서히 불전의 실내 불단 주변 장식으로 나타나서 용이나 봉황 조각을 새기는 방식으로 자리 잡아간다. 18세기 중엽에 지어진 논산 쌍계사 대웅전은 불상 주변에 치장된 수많은 용과 봉황이 춤을 추며 실내를 한껏 고조시키는 모습을 보여주는 대표적인 사례다. 이와 유사한 장식은 18세기 불전 건물에서는 일일이 예를 들기 어려울 정도로 보편화돼갔다. 그 주제도 용이나 봉황 외에 하늘을 나는 새와 물속의 물고기에 이르기까지 다양하다. 나주 불회사 대웅전은 그런 조각 장식이 멀리 지방 산간의 작은 사찰에까지 확산되었음을 보여준다.

불전 창문의 꽃살무늬 장식은 새삼 거론할 필요가 없을 만큼 널리 알려진 것인데, 역시 18세기에 와서 전국적으로 확산된 현상 중 하나

충청남도 논산시 쌍계사 대웅전 내부 실내는 용과 봉황이 조각되고 수많은 연꽃 봉우리가 화려하게 장식되어 참배자들에게 감동을 자아내기에 충분한 모습이다.

에 속한다. 부안 내소사 대웅전을 비롯해서 개암사 대웅전, 강화 전등사 법당 등 꽃살창은 전라남도에서 황해도 북쪽의 서해안 일대의 불교 사찰에 집중적으로 보이지만 내륙에서도 간간이 나타난다. 특히 영주 성혈사 나한전은 꽃살이 아니고 십장생의 주제를 연상시키는 육지와 바다와 하늘의 온갖 생물들과 신선 등이 등장하는 다양함을 보여준다.

조선 후기 조각 장식은 중국이나 일본의 장식에 비하면 가공이 치밀하지 못하고 표현도 거칠다. 조각에 입힌 채색도 화려한 색상을 뿜낼 정도는 아니다. 그러나 다른 두 나라 조각에서 보기 어려운 힘찬 역동감이 살아난다. 일부러 세부를 정교하게 다듬지 않는 대신 전체적인 조형의 역동성을 중시한 창작 의지가 엿보인다.

17세기 이후에 가서 세 나라의 건축은 공통적으로 구조적인 창안을 이루지 못하고 전 시대의 것을 반복하는 퇴보를 걷는 대신 조각에서 그 돌파구를 찾으려고 안간힘을 썼다. 그 결과가 다양한 조각 장식으로 표출되었다고 볼 수 있으며 그 성과에 있어서는 세 나라가 각기 다른 양상을 보인 점도 흥미롭다.

중국 건축의 조각 장식이 화려함에 있어서나 세부의 정교한 가공에 있어서나 타의추종을 불허한다는 점은 누구나 인정하는 바라고 하겠다. 그 양상은 마치 명·청대에 정점에 도달한 기름지고 호화로운 중국 음식을 연상시킨다. 지난 2013년 겨울에 우리나라의 김장 문화와 일본의 와쇼쿠和食가 각각 유네스코가 정한 인류무형유산에 등재되었다. 김장 문화란 김치를 만들고 나누는 문화를 지칭하므로 그 주체는 김치인 셈이고 와쇼쿠는 일본의 전통적인 간단한 식사를 지칭한다. 김치는 담백한 절임 배추에 각종 양념이 잘 버무려지고 일정한 숙성 단계를 거친 발효 음식이어서 한국인의 품성에 잘 맞는 음식이라 할 수 있다. 와쇼쿠는 화려한 색상에 일정한 크기로 잘라낸 정갈한 음식을 예쁘게 꾸민 작은 그릇들에 정돈해놓아 일본인의 취향을 잘 반

경상북도 영주시 성혈사 나한전 창호 경상북도 깊은 산골짜기 작은 사찰이지만 문짝 가득하게 지상의 온갖 동식물이 장식되었다. 절을 찾아오는 서민들에게 이런 장식물은 큰 볼거리가 되었음이 틀림없다.

영한다고 생각된다. 두 나라 건축의 채색이나 장식 역시 이런 분위기와 맥락을 같이한다고 하겠다. 한국 건축의 단청이나 조각이 김치처럼 거친 듯하면서 오랜 세월의 연륜을 지닌 깊은 맛을 지니고 있다면 일본의 그것은 와쇼쿠에서 보듯이 색상이 밝고 명료하면서 규격에 잘 맞춘 치밀하고도 화사한 면모를 보여준다.

톺아보기 7

동아시아인들이 사랑한 용 장식

서양인들은 용에 그다지 호의적이지 않은 듯하지만 동아시아 사람들에게 용은 다른 무엇과 비교할 수 없는 최고의 상징으로 존재해왔다. 건축물에 장식을 하면서 이런 용을 외면할 리가 없다.

　중국에서는 이미 6,000년 전 유적인 산서성의 반파半坡 유적에서 용의 형상이 새겨진 유물이 출토되었다고 전한다. 이후로 용은 중국의 제반 기물이나 건축에 등장했다. 러우칭시樓慶西(《중국전통건축장식》, 1999)에 의하면 북경 자금성의 태화전 건물은 지붕 용마루에 유리기와로 된 용이 있고 처마와 창문에도 용의 그림이 있고 계단 사이의 어도御道에는 구름 사이에 꿈틀대는 용이 조각되어 있고 실내 천장이나 황제의 의자와 병풍 등에도 수많은 용 조각이 치장되었는데, 태화전 한 건물에 묘사된 용이 무려 1만 2,654곳이라고 적었다. 그 숫자를 어떻게 확인했는지 궁금하지만 하여간 중국 건축에서 용이 차지하는 비중을 잘 드러내주는 것이라고 하겠다. 내가 다녀본 곳들 중에도 특별히 용에 대한 기억이 생생한 건물이 적지 않다. 산서성 응현의 정토사 대웅보전 건물은 규모는 정면 세 칸 측면 세 칸의 작은 불당인데 내부에 들어가니 천장에 조금 과장해서 수백 마리는 됨직한 용 그림들이 잔뜩 그려져 있다. 산동성의 곡부 공자묘 대성전은 전면의 기둥이 굵은 돌로 세워지고 기둥 전체가 꿈틀거리는 용으로 조각되어 있다. 이런 용 조각 돌기둥은 명이나 청대 사당 건물이나 불전에는 도처에서 볼 수 있다. 얼마나 생생하고 멋진 용 조각 기둥이 있는지가 지역민들 사이에서는 큰 화젯거리가 되었음에 틀림없다.

용 다음으로 중국 건축에서 볼 수 있는 조각물로 출입문 좌우에 세워지는 사자상이 있다. 자금성 태화전 앞은 물론이고 웬만한 지방 도시의 사당 건물 앞 또는 출입문 앞에는 무시무시한 형상의 사자가 양쪽에 버티고 있어서 이런 사자 옆을 지나지 않고는 건물 안에 접근하는 것이 불가능하다. 사자는 백수의 제왕으로 칭송되었기 때문에 이를 출입구에 세워서 사람들에게 경계하는 마음을 갖도록 한 듯한데, 정작 사자라는 동물은 인도 대륙에 분포하고 있었던 것이어서 중국인들에게는 낯선 동물이었다고 생각된다. 대개 수사자는 수구繡球라는 공을 밟고 있는 모습이고 암사자는 새끼를 안고 있는 모습이다.

우리나라도 용 장식으로는 중국 버금간다. 그 시작은 삼국시대로 거슬러 올라간다. 용은 미륵으로 이해되어 불교의 미륵 신앙과 결합되어 민간에 깊숙이 자리 잡았다. 건축물에 치장된 것으로는 선암사 대웅보전 벽화에 그려진 용이 인상적이다. 용 그림은 13점인데 대량에 4점, 천장 반자에 9점이 있다. 얼굴 생김은 중국인들이 그리는 용처럼 날카롭지 않지만 위엄 가득한 표정과 적당한 움직임이 느껴지는 몸통의 움직임이 압권이다. 경복궁 근정전 천장에 매달린 용 조각도 일품이다. 이곳의 용은 발톱이 7개나 되어서 특이하다. 보통 용의 발톱은 넷이나 다섯을 그리되 다섯 발톱은 천자, 제후는 발톱을 넷 갖춘 용을 그린다고 알려져 있는데 근정전 용은 7개나 되어서 화제다. 이 밖에도 용은 우리나라 사람들의 일상에 친근하게 다가가 있어서 서민들이 즐겨 찾던 지방의 소규모 사찰에서 흔하게 볼 수 있다. 불전 중앙 기둥 상부에 안초공이라는 돌출한 부재는 바깥은 용머리로 조각되고 내부는 꼬리로 다듬어져서 흥미로우며, 충량이라는 대들보에 걸쳐지는 측면 들보는 전체를 용 몸통으로 채색하고, 들보에 걸쳐지는 충량 끝은 용 머리로 새겨서 보는 사람들에게 색다른 즐거움을 준다. 해남 대흥사 천불전이나 화성 용주사 대웅보전을 비롯해서 18세기 이후에 지어진 사찰에서 흔하게 볼 수 있다.

일본은 상대적으로 용이 흔하지는 않지만 역시 볼 만한 용 조각이나 그림이 적지 않다. 압권은 교토의 선종 사원 법당 천장 그림이다. 묘신지妙心寺 법당은 직경 12미터가 넘는 천장 전체에 구름 사이 용이 채색화로 그려져 있다. 쇼코쿠지相國寺 법당의 운룡도도 유명하다. 이곳의 용 그림은 넓은 건물 천장 전체를 하나의 화폭으로 삼고 커다란 용이 눈을 부릅뜬 모습인데, 실내에 들어온 사람들의 움직임을 따라 용의 눈동자가 계속 따라다니는 듯한 시각 효과를 준다.

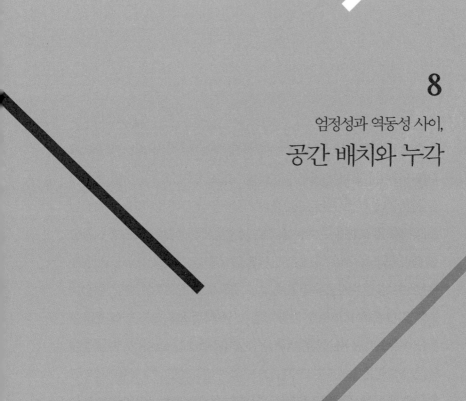

8

엄정성과 역동성 사이,
공간 배치와 누각

중국 건축의
배치 원리

목조건물은 단일 건물을 무한정 크게 지을 수 없기 때문에 궁전이나 큰 불교 사원 같은 경우 자연히 여러 개 건물이 모여서 군집을 이루게 마련이다. 이럴 때 여러 건물을 어떻게 배열하고 또 방향을 어떻게 할지는 건물의 형태나 분위기를 결정짓는 중요한 과제가 된다. 중국에서는 이런 건물의 배열이나 좌향坐向 문제를 포치布置 또는 포국布局이라는 용어로 표현한다. 우리나라나 일본에서는 배치配置라고 쓴다.

중국 건축을 다룬 개설서에는 중국 건축의 특징 중 하나로 포치 원리의 특성이 종종 언급된다. 그 개념을 중국식으로 간단히 요약해서

'중축대칭中軸對稱 방정엄정적方正嚴正的 군체조합群體組合'이라고 한다. 중축대칭이란 중심축선상에 대칭으로 건물이 배열되는 것을 말하고 전체적으로는 모든 건물들이 네모반듯한 틀 안에 엄격하고 바른 모습으로 여러 군체들이 조합을 이룬 것이라고 풀이할 수 있을 것이다. 이 표현을 보면서 바로 떠오르는 것은 북경의 자금성이다. 과연 자금성은 중요한 전각들이 중심축선상에 일렬로 배열되고 나머지 무수한 전각들이 모두 한 방향으로 네모반듯한 질서 안에 수렴되어 군체가 조합을 이루었다고 말할 만하다.

중국에서는 이런 포치 원리가 언제부터 형성되었을지 궁금한데 멀리 주나라 때부터 이런 개념이 싹텄다고 하는 것이 일반적인 주장인 듯하다. 예를 들어 《주례고공기周禮考工記》에서 말하는 주나라 왕성은 사방 9리에 각 면에 3개의 문이 나고 왕성 안은 가로세로 9개의 도로가 있다는 식의 표현이다. 한나라 장안에 있었다는 제사 지내는 건물은 한가운데 네모반듯한 명당이라는 건물이 서고, 사방에 정사각형 울타리가 있으며, 각 울타리 중앙에 출입문이 있는 모습으로 개념화되어 주나라의 포치 방식이 한대로 계승되었다고 주장한다.

실제로 건물을 짓는 과정에서는 이런 개념이 그대로 적용될 수 없는 것은 당연하다. 도성을 꾸미거나 궁전을 짓는 일이 어느 한 시점에 전체를 다 계획해놓고 이를 한꺼번에 만들어낼 수는 없는 노릇이어서 필요에 따라 한 부분을 만들어내고 또 세월이 흐른 후에 주변이 확장

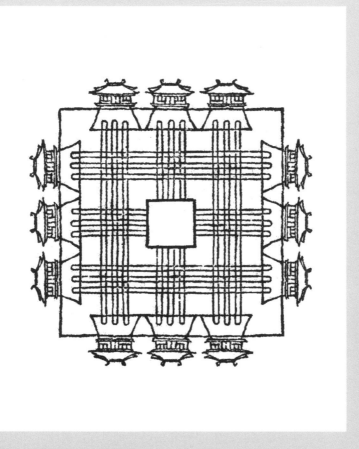

고공기의 도성도 《삼례도》 중의 왕성도. 이상적인 도시 형태를 도식화한 그림. 중앙을 강조하고 사방이 대칭으로 이루어진 모습을 볼 수 있다.

되기도 하고 축소되기도 하면서 변화하기 때문이다. 실제로 한나라의 수도 장안은 조성 초기의 모습과 중간 단계, 마지막 단계에 이르기까지 몇 차례의 확장과 변개를 거듭했으며, 그 결과는 《고공기》의 설명과는 전혀 다른 모습이다. 이후의 도성이나 궁전도 대개는 주변의 지형 조건에 영향을 받아 불규칙한 면모를 지니면서 운영되었다. 3세기 이후 불교 사원이 지어지는 과정에서도 지형 조건이나 사원이 갖는 건축 구성에 따라 다양한 방식의 포치가 나타났다고 볼 수 있다.

그러나 한나라 이후 남북조시대, 수·당대의 도성이나 궁전 또는 각종 종교 건축을 종합적으로 관찰해보면 역시 중국 건축에는 각 시대를 관통하는 일정한 원칙이 강력하게 작용하고 있다는 결론을 내리지 않을 수 없으며, 그것은 역시 '중축대칭 방정엄정적 군체조합'이라는 원칙에 어느 정도는 수렴된다고 할 수 있다. 당대의 도성인 장안성이나 대명궁, 북위 영녕사 같은 불교 사원은 대표적인 사례로 꼽힌다.

고구려와 백제에 중국식 건축술이 본격적으로 도입되었을 때 이런 중국식의 배치 원리는 비교적 충실하게 전파되었다고 추측된다. 평양 안학궁은 중축선이 뚜렷하고 좌우대칭이 강한 배치 모습을 갖추고 있으며 삼국시대 고구려나 백제, 신라의 도성에 지어지던 불교 사찰은 중축선상에 중문, 탑, 금당, 강당이 일렬로 배열되고 회랑이 네모반듯하게 주변을 구획한 것으로 알려져 있다. 또한 삼국의 영향을 받으면서 조성된 초기 일본의 불교 사원 역시 유사한 원칙이 보인다.

지세를 중시한
9세기 이후
한반도와
일본의 건축

중심축을 살리고 대칭으로 건물을 배치하는 것은 지형이 평탄할 경우에는 큰 어려움 없이 해낼 수 있다. 그러나 경사진 곳이거나 좌우의 지형이 다른 곳에 집을 지을 때는 상황이 달라진다.

아마도 중국의 경우에도 항상 평탄한 곳에만 집을 지을 수는 없었을 것이므로 불규칙하고 경사진 땅에 집을 지으면서는 여러 가지 편법과 변형이 수반되었을 것으로 보인다. 산서성 오대산은 불교 성지로 이름난 곳이며 이곳에는 수많은 불교 사원들이 골짜기들마다 운집해 있다. 오대산의 사원 중에는 경사지에서도 억지로 중심축을 살리고 대칭 구성을 이룬 건물도 있지만 굳이 이런 원칙을 따르지 않고 지형 여건에 맞추어 불규칙하고 자연스러운 배치를 한 사원도 적지 않다. 그러나 이런 사례는 비중으로 보면 적은 편에 속했다고 하겠다.

한반도는 비교적 산이 많은 곳인데다 산들은 지리적 형성 단계로 보아 노년기에 접어들어서 경사가 완만한 편이다. 또한 화강암이 잘 발달되면서 사람들에게 필요한 식수도 풍부하다. 따라서 한반도 사람들은 일찍부터 산에 의존해서 생활하는 습성이 보편화되었다. 4, 5세기경 불교 전파 초기에는 사원이 도성 주변에만 지어졌지만 7, 8세기경이 되면 도성에서 멀리 떨어진 지역으로 확산되었다. 교리적으로도 화엄학華嚴學이 퍼지고 얼마 후 중국에서 선이 전파되면서 도시에서 멀리 떨어진 이름난 산을 찾아 수행 도량을 꾸미는 일이 잦아졌다. 이 과정에서 산의 지리 조건에 맞는 집 짓는 방식이 자리 잡아갔다. 여기서는 굳이 중심축상에 건물을 배치할 필요도 없었고 또 그렇게 하기도 어려웠다. 자연히 건물 배치는 지세에 의존해서 불규칙하면서도 자연스러운 모습으로 달라져갔다. 9세기는 이런 변화가 뚜렷하게 정착된 시기이다. 풍수지리설이 이때쯤부터 널리 퍼지게 된 것은 지극히 자연스러운 경향이었다고 하겠다. 부석사를 비롯해서 해인사, 화엄사, 통도사 같은 이름난 절들이 대개 이 과정에서 산의 지형 조건에 맞춘 건물 배치를 갖추어나갔다.

개성 송악산 아래 자리 잡은 고려의 궁궐은 중국식 배치 원리를 적용하지 않고 지세에 의존한 특징이 잘 드러난 사례 중 하나로 꼽힌다. 939년 송악산 아래 지어지기 시작한 고려 궁궐은 송악산에서 45도 각도로 흘러내리는 물길을 따라 정전과 편전 및 내전 건물이 자연스럽게 펼쳐진 모습이었다. 궁궐은 안쪽에 궁성을 두고 바깥쪽에 황성을 두었는데 황성 정문은 동편에 있었고 궁성 출입문은 남쪽 방향에 냈다. 그 때문에 외부에서 정전으로 진입하기 위해서는 동쪽의 정문에서 한두 차례 진입 방향을 틀어야만 궁성 문을 거쳐 정전에 이를 수 있었다. 이런 진입로가 생긴 까닭은 중요 전각을 지형이 평탄한 물길을 따라 배치했기 때문이었다. 궁궐이 지어지고 100년쯤 후에 송나라 사신 접견이나 대규모 불교 행사를 수용할 목적으로 동쪽 언덕 위에 가파른 계단을 꾸미고 남북 방향으로 회경전 등 큰 건물을 지었다. 그러나 이 구역은 큰 행사 때만 쓰였고, 실제 궁궐의 기능은 서쪽 평탄지에서 이루어졌으며, 그 중심부는 지형 조건에 따라 각 건물들이 서로 유기적으로 연결되는 모습이었다.

일본의 밀교 사원은 이름난 산악에 의지해서 수행처를 형성해왔으며 따라서 산지의 지형에 따른 건물 배치가 나타났다. 교토 북쪽 히에이잔比叡山 엔랴쿠지延曆寺나 나라 남쪽의 고야산高野山 등이 대표적인 수행처였다. 이들 사원은 정치적인 사건에 휘말려 소실을 거듭하는 바람에 본래의 모습을 파악하기는 어렵지만 지형 여건에 맞춘 건물 배치를 취했던 것으로 추정된다. 다만, 일본의 경우는 불전 내부를 내

개성시 송악산 아래 만월대 전경 고려 수도 개경은 송악산을 비롯한 사방의 산세에 의존하여 불규칙하면서 비대칭적인 도시 형태를 이루었다.

진과 외진으로 구성하고 때로는 내내진으로 세분하는 등 불전 자체의 실내 분할을 통한 다양한 기능 수용에 더 건축적인 관심을 기울였다. 반면 건물 상호 간의 배치 관계와 같은 외부 공간 구성에는 상대적으로 소홀한 경향을 보였다.

선종 사원의
중국식
배치 원리

남송 때 불교의 중심지는 장강 이남으로 바뀌었다. 당나라 말 회창 연간에 벌어진 불교 탄압 정책에 따라 황하 유역의 명찰들이 큰 타격을 입었고 송이 수도를 항주로 옮긴 이후 항주 주변에 선종 사찰이 부흥했다. 12세기 말 남송의 황제는 항주와 명주, 소주 등의 선종 사원 가운데 대표적인 다섯 곳을 골라 5산으로 정해주고 또 열 군데 사원을 대표급 사원으로 지정했다. 이들 5산 10찰은 송대 대표적인 선종 사찰로 위상을 높였다. 남아 있는 유적과 옛 문헌들을 살펴볼 때 이 시기 남송 선종 사원들은 그것이 평탄한 도심지에 있거나 아니면 경사가 심한 산간에 있거나, 공통적으로 중국 건축이 지켜온 오랜 배치 원리를 충실히 따르고 있음을 알 수 있다. 즉, 대부분의 사원은 출입 문에서 불전이나 법전, 승당에 이르기까지 중심축에 대칭을 살린 배 치에 나머지 건물들이 네모반듯한 울타리 안에 수렴되는 모습을 보인 다. 영파의 천동사天童寺, 아육왕사阿育王寺는 지금도 그 면모를 확인할 수 있는 사례가 된다. 두 사원의 경우 중심부에 문과 불전과 법당이 직선축선상에 나란히 배열되고 주변에 부속 건물들이 좌우에 배치되 는 모습이다.

이런 모습이 그대로 재현된 것이 13세기 이후 가마쿠라나 교토에 세워진 일본의 선종 사원이다. 일본의 선종 사원은 중심 영역 뒤로 탑 두塔頭라고 부르는 개별 스승을 모신 독립된 거주 구역을 형성하면서 성장하는 것이 특징인데, 탑두 구역은 별도로 하고 보면 중심 영역의 건물 구성은 남송 이래로 형성된 전형적인 중국 선종 사원의 배치 형 식을 그대로 재현하고 있다. 가마쿠라에 있는 겐초지建長寺는 대표적 인 사례이다.

고려 말에 양주에 지어진 회암사는 나옹선사가 중국에서 임제종臨 濟宗을 배우고 돌아와 중국 임제 사원의 형식을 참고하여 조성한 것으 로 전하는 드문 예이다. 근년의 발굴 조사에서 드러난 사원의 전모는 과연 이전 고려시대 사원에서 보기 어려운 모습을 보여준다. 전체 건 물 배치는 강한 중심축과 좌우 대칭 구성을 뚜렷하게 보여주며, 전면의 출입문들은 좌우에 긴 행랑을 갖추어 중국의 사원이 갖는 배치상의 특징과 공통된 면모를 갖추고 있다. 그러나 회암사에 나타났던 중국식 건물 배치는 조선시대로 넘어가면서 이어지지 않고 조선시대의 건물 배치는 한층 한반도의 지세에 의존한 모습으로 전개돼갔다.

조선시대
산지 사찰의
외부 공간

조선 세조는 경기도를 순시하던 중 용문 상원사에 머물게 되었는데 갑자기 관음보살이 나타나 찬란한 빛이 온 누리에 비춘 뒤 사라지는 모습을 보았다고 한다. 이를 크게 기뻐한 세조는 관음상을 모신 불전을 세우게 하고 그때의 장면을 그림으로 남기도록 하여 〈관음현상기觀音現相記〉를 짓도록 했다. 〈관음현상기〉에 전하는 당시 상원사의 모습은 조선 초기 왕실의 명으로 지은 사찰의 모습이 어떤 것인지를 보여주는 귀한 자료로 평가된다.

그림에 의하면 깊은 산중에 자리 잡은 상원사는 경사진 지형을 몇

개 축대로 단을 이루고 있으며, 남쪽 출입문 뒤로 중층 누각의 중문이 있고, 중문 좌우는 행각이 가로막고 있으며, 중문 안 넓은 마당 뒤로 관음상을 모신 불전이 있고, 불전 좌우에 작은 전각이 놓인 모습이다. 또 마당 양 측면에도 건물이 있는데 서로 거리도 다르고 건물 크기도 차이가 나서 좌우 대칭을 이루는

〈관음현상기〉 부분 세조가 경기도 용문산의 상원사에서 관음보살이 나타난 것을 보고 그렸다는 그림으로, 중정을 갖춘 조선 초기 불교 사원의 배치가 잘 드러나 있다.

모습은 아니다. 불전의 뒤로는 더 이상 건물은 없고 언덕이 가로막은 모습이다.

이 그림은 조선 초기 불교 사원이 지닌 몇 가지 중요한 배치 개념을 보여준다. 첫째는 주불전主佛典 건물이 전체 배치의 중심부에 놓이지 않고 가장 뒤쪽 언덕을 등지고 있는 점이다. 둘째는 불전 앞은 마당이 있고 좌우와 전면에 건물이 있어서 둘러싸인 중정中庭을 형성하는 점이다. 단, 중정은 좌우 길이도 다르고 좌우 건물 크기도 달라서 반드시 대칭적인 구성을 하지는 않는다. 셋째는 중정 남쪽은 누각이 자리 잡고 있고 누각 좌우는 행각으로 가로막힌 점이다.

우리나라 불교 사원에서 주불전이 전체 사원의 중심부에 놓이지

않고 가장 뒤쪽 언덕을 배경으로 자리 잡은 것은 이미 부석사나 화엄사 등 신라시대 화엄 계통 사찰에서 나타나는 현상이며, 그런 방식은 시대가 내려가면서 점차 보편화되어 조선시대에는 창덕궁 같은 궁궐에서도 볼 수 있다. 이것은 중요 전각을 전체 건물군의 중심부에 두는 중국식 배치 방식과 확연히 구분되는 점이다.

네 방향에 건물을 두어 둘러싸인 마당, 즉 중정을 두는 것은 세계 도처에서 볼 수 있는 배치 방식이며 각 지역에 따라 그 형태나 쓰임새도 다양하게 나타난다. 조선시대 불전의 중정은 북쪽에 주불전을 두고 남쪽은 누각을 두고 중정 좌우는 승방과 선당을 두는 것이 일반적이다. 이때 주불전은 높은 기단 위에 건물을 세워 위계를 뚜렷이 하며 승방과 선당은 가급적 대칭을 취하지 않고 크기나 건물 높이 등에 차등을 두어 중정이 경직된 공간이 되지 않도록 한다.

남쪽에 놓이는 누각은 아래층으로 출입문을 내거나 측면에서 출입하도록 한다. 누각의 바닥 면은 중정과 같거나 약간 높은 정도가 되어 중정과 공간적으로 소통되도록 한다. 누각 좌우는 행각이 연결되는 것이 기본이었지만 17세기 이후에는 행각은 생략되고 누각만 남은 경우도 적지 않다. 이런 경우 누각은 전면을 길게 해서 중정이 외부로부터 가로막혀 있는 분위기를 유지하도록 한다.

중국의 주택에서 흔하게 보는 사합원四合院 역시 중정의 대표적인 사례이다. 다만, 사합원의 경우는 각 건물의 높이 차이가 적고 좌우

대칭이 강한 점에서 차이가 있다. 더 큰 차이는 사합원은 규모가 커지면 후면으로 유사한 중정이 반복된다는 점이다. 즉, 주택 규모가 확장되면서 동일한 형태의 사합원이 뒤로 가면서 이중 삼중으로 반복되고 때로는 측면으로도 반복된다. 이에 비해서 조선시대 산간 사찰의 중정은 불전 후면이 언덕으로 가로막혀 있기 때문에 후면으로 중정이 반복되는 경우는 없다. 또 중정을 구성하는 좌우 건물이 대칭을 이루는 경우도 거의 없어서 중정의 형태나 분위기는 사합원과는 크게 다르다.

안동 봉정사는 이런 중정의 분위기를 잘 전해주는 사례이다. 이 건물의 주불전인 대웅전 앞에는 좌우에 화엄강당과 승방이 있는데 그 크기나 형태가 다르다. 중정 앞은 덕휘루라는 정면 다섯 칸의 누각이 자리 잡고 있다. 대웅전의 우측에는 또 다른 불전인 극락전이 있으며 극락전 앞은 왼쪽의 화엄강당과 오른쪽의 고금당 건물로 자연스럽게 중정을 이루고 있지만, 중정의 크기나 형태는 대웅전 앞 중정과는 전혀 다른 모습이다.

조선시대 수많은 산간 사찰은 이와 유사한 중정을 갖추고 있다. 대부분의 중정은 불전과 승방, 강당 및 누각의 네 건물로 이루어지고 있어서 이를 4동 중정형이라고 이름 붙이기도 한다.[79] 4동 중정형의 공간 구성은 산간의 경사진 지형 속에서 외부로부터 사찰을 보호할 수 있는 최선의 건물 배치라고 볼 수 있으며 동시에 몇 안 되는 건물을

경상북도 안동시 봉정사(《봉정사 화엄강당고금당 정밀실측보고서》, 문화재청) 중정을 중심으로 사방에 건물이 둘러싸며 남쪽은 누각을 두어 개방감을 살렸다.

가지고 가장 완성도 높은 외부 공간을 꾸밀 수 있는 최상의 디자인이라고도 평가할 수 있다.

조선시대 건축 장인들은 사회적으로 열악한 지위에 처해 있었다. 대부분의 장인들은 생계를 이어가기도 쉽지 않았다고 판단되며 일부 지도적 위치에 있는 장인들조차도 그 신분은 불안정한 상태였다고 추측된다. 불교 사찰은 거의 전적으로 승려들에 의해 지어졌으며 승장들 역시 열악한 작업 환경에 처해 있기는 마찬가지였다. 이들은 넉넉지 않은 재정 여건 속에서 불충분한 자재를 가지고 재목들을 깎고 다듬고 세웠다. 따라서 이들의 손에 만들어지는 건물들은 세부 가공이 덜 치밀한 경우도 있고 비례가 완벽히 맞아떨어지지 않는 부분도 있었다. 그러나 조선의 장인들은 이런 세부의 불완전함에 마음을 빼앗기거나 필요 이상의 노력을 기울이지 않았다. 이들이 가장 중요하게 여긴 것은 전체 건물 배치가 만들어내는 유기적 관계와 그 배치가 만들어내는 외부 공간의 살아 숨 쉬는 역동성이었다고 판단된다. 또 건물을 둘러싼 외부의 자연환경과 건축이 서로 어떻게 조화를 이루고 서로를 완성시켜나가는지 하는 문제였다고 생각된다. 이런 점에서 볼 때 조선시대 불교 사원의 4동 중정형은 중국이나 일본 건축에서 찾아볼 수 없는 조선 건축이 성취한 가장 돋보이는 점이었다고 말할 수 있다.

경북 영천 은해사 백흥암은 산간 깊은 곳에 있는 암자 같은 작은 사찰이다. 온통 숲으로 둘러싸인 이 절의 중심은 물론 네 건물로 둘러싸인 중정인데, 좌우 승방과 선당은 바짝 거리가 당겨져 있고 북쪽 극락전은 상대적으로 높은 기단 위에 우뚝 솟아 있어서 중정은 날카로운 긴장감을 자아낸다. 반면에 남쪽은 다섯 칸의 여유 있는 누각이 탁 트여서 잔뜩 긴장되었던 분위기를 풀어준다. 이런 대범함을 지닌 공간은 기둥의 치수나 열심히 따지고 한 치의 오차도 없는 창문을 만드는 데나 열심인 기술자들은 도저히 만들어낼 수 없다는 생각이 든다.

경상북도 영천시 은해사 백흥암(《은해사 백흥암 실
측조사보고서》, 문화재청)

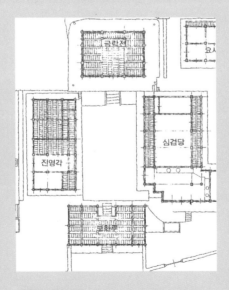

백흥암 배치도(동) 중정의 동서를 줄이고 남북은 고
저차를 두어 긴장감 넘치는 공간을 만들었다.

그런 세부의 정교한 가공을 뛰어넘어 더 큰 건축의 공간을 만드는 지혜와 경험을 갖춘 진정한 장인이 아니고는 이루어낼 수 없는 세계라고 할 수 있으며, 조선 후기 불교 사원은 그런 진정한 장인들이 만들어낸 건축 세계였다고 하겠다.

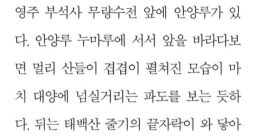

건축 배치의
정점
누각

영주 부석사 무량수전 앞에 안양루가 있
다. 안양루 누마루에 서서 앞을 바라다보
면 멀리 산들이 겹겹이 펼쳐진 모습이 마
치 대양에 넘실거리는 파도를 보는 듯하
다. 뒤는 태백산 줄기의 끝자락이 와 닿아
있고 앞에는 경상도 땅이 끝 간 데 없이 열려 있다. 안양루에 오르면
과연 누가 무량수전 앞 이런 곳에 높은 석축을 쌓고 그 위에 누각을
세울 생각을 했을까 하며 이름 모를 장인에게 경의를 표하게 된다.

1555년 안양루가 화재를 만나 불에 타자 10여 년 만에 다시 재건
했다. 얼마 후 그 일을 두고 사명대사가 〈안양루중창기安養樓重創記〉를

경상북도 영주시 부석사 안양루 원경 누각이 전체 사원의 정점에 자리 잡았다. 그 아래로 펼쳐진 경상도의 장쾌한 산세가 한눈에 들어온다.

쓰면서 이렇게 적었다.

"수년이 되지 않아 누각이 우뚝이 서니 의젓함이 하늘이 만들어준 것 같았다. 귀신이 몰래 도와주지 않았다면 어찌 이와 같이 될 수 있겠는가?"[80]

안양루 누각이 갖는 빼어난 모습은 사람이 할 수 있는 경지를 넘어선 것이라는 평가로 읽혀진다.

이런 누각의 진면목은 조선 후기 4동 중정형 배치에서 유감없이 발휘된다. 4동 중정형 배치의 핵심은 남쪽에 있는 누각이다. 이곳에 누각이 없다면 중정은 단지 좁은 둘러싸인 마당에 지나지 않을 것이다. 자칫 답답해질 중정에 생기를 불어넣고 극적인 공간 효과를 만들어내는 것이 누각이다. 사찰 입구에서 바라보는 누각의 모습은 마치 경사진 축대 높은 곳에 우뚝 서 있는 봉황새 한 마리를 연상시킨다. 가까이에 다가가 가파른 계단을 오르다 누각 아래 어두컴컴한 통로를 따라 계단을 한 발 한 발 오르다 보면 주변의 어두운 배경 속에서 눈앞에 펼쳐지는 주불전의 밝고 화려한 장면에 압도되게 마련이다. 이런 누각의 극적 효과는 그것이 천 년 역사를 지닌 고찰이건 지은 지 일이백 년밖에 안 된 사찰이건 가리지 않고 지형이 허락하는 곳이면 빠지지 않고 연출되어 있다.

중정 앞 누각은 특별히 용도가 정해져 있지 않다. 이따금 누각 위에 큰 북을 올려놓고 행사가 있을 때 북을 치기도 하고 때로는 종을 올려놓거나 목어를 두기도 하지만, 그런 것이 당초부터 누각에 마련되어 있었던 것으로는 보이지 않는다. 아마도 큰 행사가 있어서 신도들이 마당을 가득 메우게 되면 누각도 행사장의 연장으로 쓰였을 듯하다. 아니면 절을 찾아온 지체 높은 사람들이 누각에 올라 주변 경치를 감상하며 휴식을 취하는 데 쓰이기도 했을 듯하다. 그러나 조선시대 문헌은 사찰의 누각을 정확히 무슨 목적으로 지었는지를 분명히 말해주지는 않는다. 바로 이 점이 사찰 누각이 갖는 핵심인 듯하다.

경상북도 안동시 봉정사 만세루 누각은 한국 건축이 달성한 최고의 건축 성과 중 하나다.

누각은 특별히 한정된 용도에 머물지 않고 그냥 누각으로 존재하는 것이다. 특별히 어떤 용도가 정해져 있지 않고 또 명확한 용도를 애당초 갖지도 않았지만, 사찰에 이런 누각이 없으면 중정은 어딘가 맥 빠진 공간이 되고 주불전으로 향하는 사람들의 발길도 목적지를 잃고 방황하게 되었음에 틀림없다.

16세기 인문학자 화담花潭 서경덕徐敬德이 쓴 글 중에 〈줄 없는 거문고에 새긴 글(無鉉琴銘)〉이 있다. 글의 요체는 "소리를 통하여 듣는 것은 소리 없음에서 듣는 것만 같지 못하며, 형체를 통하여 즐기는 것은 형체 없음에서 즐기는 것만 같지 못하다〔聽之聲上, 不若聽之於無聲, 樂之形上, 不若樂之於無形〕”에 있다. 줄을 튕겨 듣는 거문고 소리보다 줄 없는 거문고에서 오히려 그 미묘함을 체득하고 형체를 보는 것보다 형체가 없는 것을 즐기므로 오묘함을 얻는다는 말이다. 같은 맥락에서 눈에 보이는 목적이나 용도에 한정한 건물이 아니고 용도가 정해지지 않으면서 그 용도를 무한히 만들어내는 데 누각의 존재 이유가 있는 듯하다.

봉정사의 만세루, 관룡사의 원음각, 화암사의 우화루 등 일일이 열거하기 어려울 정도로 많은 누각들이 지금도 잘 남아 있다. 이런 누각들이 가장 눈에 띄는 중심에 자리 잡으면서 거칠고 투박한 개별 건물들의 약점을 덮어버리고 조선시대 사찰의 경관과 공간을 한층 극적인 수준으로 끌어올리고 있다. 조선시대 산간 사찰의 누각은 한국 건축이 만들어낸 최고의 작품이라고 확신한다.

주택에서 보는 외부 공간의 이모저모

중국의 영화감독 장이모가 만든 '홍등'(1991년)은 중국의 전통적인 상류층 주택의 모습을 인상 깊게 보여준다. 벽돌로 쌓은 높은 담으로 네모반듯하게 구획된 수많은 담장과 경사진 기와지붕 사이에 여기저기 붉은 등불이 밝혀진 이 주택은, 화려한 붉은 등불 안에 감추어진 봉건사회의 억압과 남성 중심의 비인간적인 가정의 모순을 잘 보여주는 동시에 중국의 전통적인 주거 공간의 특색을 한눈에 전해준다. 영화를 촬영했던 교가대원 喬家大院이라는 집이 지금도 잘 보존되어 관광객들로 붐비는데, 산서성에 있는 이 집은 출입문을 들어서면 일직선의 긴 중앙 통로 북쪽 끝에 사당이 있고 통로 좌우로 난 작은 출입문을 통해 비슷한 모습의 각기 독립된 중정을 갖춘 공간들로 구획되어 있다. 이 집뿐 아니고 적어도 황하를 중심으로 한 화북 지역 대부분의 상류 계층 주택은 네모반듯한 둘러싸인 중정이 몇 겹으로 중첩되면서 거대한 작은 성 같은 주거를 형성한다. 교가대원보다 몇 배 큰 집들이 도처에 산재해 있다. 물론 땅덩어리 큰 중국에는 이것과는 전혀 다른 모습의 다양한 주택들이 있어서, 황하

북쪽 황토 고원의 굴을 파고 만든 요동식 주거나 흰 벽들이 높이 솟고 마당 가운데에 하늘이 빼꼼히 보이는 태평양 연안 휘주 일대 주택도 유명하고, 성채처럼 두터운 외벽 안에 수십 가구가 공동 주거를 형성하는 복건 지방의 토루 등 헤아리기 어려울 정도다. 이렇게 다양한 가운데에도 가장 공통적으로 볼 수 있는 주거 유형은 역시 '사합원'으로 지칭되는 네모난 중정을 기본으로 한 형태라고 하겠다. 사합원은 기본적으로 가운데 중정을 중심으로 남쪽에 출입문과 행랑, 북쪽에 정청, 좌우에 방이 놓이면서 네모반듯한 마당이 단위 공간을 이루고, 이런 중정이 후방으로 또는 좌우로 여러 겹 펼쳐지는 방식이다. 북경은 이런 사합원식 주택이 가장 밀집해 있었던 곳으로 알려져 있다. 인구가 조밀했던 북경의 사합원은 규모가 크지 않지만 지방 도시로 가면 과거 토호들이 지었던 거대한 사합원식 주택의 흔적들을 볼 수 있다. 어떤 집은 같은 단위의 중정이 남북으로 대여섯 겹, 좌우로도 일고여덟 겹 정도가 중첩되어 안에 들어가면 도무지 지금 내가 어디쯤 와 있는지 분간을 할 수 없을 정도이다. 사회주의 정권이 들어서면서 이런 집들이 여러 세대에게 분할되어 주택 본래의 내부 기능을 잃어버렸지만 외관만은 장대했던 옛날의 흔적을 보여준다.

조선시대 주택은 마당, 즉 중정을 기본으로 하는 점에서는 중국의 사합원식 주택과 유사한 점들이 있다. 그러나 중국의 사합원이 거의 평탄한 지형을 기본으로 해서 거의 같은 지면 위에 옆으로 낮게 펼쳐지는 데 반해서, 조선의 주택은 지면의 높낮이를 달리하는 점에서 외부 공간의 느낌을 달리한다. 평탄한 지면에 집을 짓더라도 일부러 안채나 사랑채 기단을 높게 꾸며서 공간에 변화를 준다. 무엇보다 중정을 네모반듯하게 두지 않고 조금씩 형태를 일그러뜨리고 앞뒤나 좌우 건물의 크기나 높이를 달리해서 중정의 형태에 변형을 가하는 데 특징이 있다. 여기에는 동일한 것이 반복되는 것을 기피하려는 뚜렷한 자세가 엿보인다. 같은 것을 반복하는 것은 쉽다. 반복을 피하고 일부러 형식을 깨뜨리는 것은 숙달된 경지에 있지 않으면 감히 시도하지 못한다. 그런 점에서 조선시대 주택을 지은 장인들은 과연 건축에 숙달하고 주변 자연환경을 아우를 줄 아는 경지에 도달해 있었다고 하겠다. 그 덕분에 조선시대 주택은 비록 규모는 크지 않지만 중국의 거대한 토호 주택에서 느끼기 어려운 외부 공간의 묘미를 맛볼 수 있다. 하회나 양동마을의 오래된 주택에서부터 강릉 선교장, 구례 운조루, 해남 녹우단 등 전국에 뛰어난 사례들이 있다.

일본의 상류 주택은 중정을 갖추지 않는 대신 하나의 거대한 지붕 안에 실들을 잘게 나누는 데 특색이 있다. 16세기 이후 지배 계층인 모든 사무라이의 주택을 영주가 사는 성 주변에 집결시켰다가 메이지유신 때 이들 주택을 철거해서 관청으로 삼는 바람에, 일본에는 상류 계층 주거는 거의 남아 있는 것이 없다. 겨우 선종 사찰의 탑두에 쇼인즈쿠리書院造라는 상류 주택의 일부 형태가 잔존하는 정도인데, 내부 공간의 세심한 분할에 비해서 외부 공간에 대한 무감각 또는 무신경이 극명하게 드러난다.

누각에 올라 바람을 느끼고 싶다

1990년대 초 중국 청화대학의 건축사 전공하는 원로 교수들이 한국을 방문해서 우리 대표적인 건물들을 함께 답사할 기회가 있었다. 서울서 창경궁을 들른 날이었는데, 홍화문, 명정문과 명정전을 둘러보던 한 교수가 반색을 하며 원나라 식 건축이 여기 고스란히 남아 있다고 감탄해 마지않았다. 그때는 홍화문이나 명정전이 원나라 식이라는 말이 잘 납득이 가지 않았지만 나중에 찬찬히 건물들을 다시 살펴보니 어느 정도 일리가 있다는 생각이 들었다.

원대의 건축은 보간포작이 충실하고 하앙 대신에 가앙만 남아서 우리나라 쇠서와 거의 유사한 형태를 취한다. 이후 명·청대에 오면 공포는 거의 껍데기만 남고 간략화한다. 그런 점에서 보면 조선시대 건축은 고려 말에 원의 영향을 받으면서 보간포작을 갖춘 다포 식 건물이 등장하고 나서 크게 이렇다 할 변화 없이 그 모습을 19세기까지 끌고 간 셈이다.

공포만 그런 것이 아니고 실은 건물 구조가 전체적으로 고식을 충실히 견지해나갔다. 가장 두드러진 부분이 지붕이었다. 중국은 원대 이후로 가면서 흙 대신에 회를 얇게 바르는 방식이 정착되고 특별히 중요한 건물이 아니면 기와도 작고 얇게 구운 것을 이용해서 지붕의 무게를 줄였다. 장강 이남의 남방 건축은 흙 자체를 아예 올리지 않았다. 일본 건축은 한 걸음 더 나가서 지붕에 흙을 올리지 않는 것은 물론이고 지붕을 이중으로 꾸며서 중간에 커다란 공간층을 만들었다. 비가 많고 지진이 잦은 자연 조건에 대응하기 위한 전략이었다고 할 수 있다. 기와도 17세기가 되면 암키와와 수키와를 하나로 연결한 소위 개량 기와를 고안해냈다.

이런 주변 나라와 달리 한국 건축의 지붕은 거의 큰 변화 없이 고식을 끌고 나갔다. 아마도 여름과 겨울의 큰 기온차 때문에 보온과 단열 효과를 얻기 위해 흙을 잔뜩 올리는 방식을 버리지 못했던 듯하다. 지붕이 무거우니 서까래도 굵어야 하고 기둥도 큰 단면을 유지했다. 그 덕분에 건물은 전체적으로 안정감 있는 외관을 가졌지만 새로운 구조적 변화에 쉽게 대응하지 못하는 기술적 약점도 털어내지 못했다.

조선시대에 들어와 새로운 구조적 창안이나 혁신이 나타나지 않은 일차적인 원인은 이웃나라와의 교류 단절 때문이라고 생각된다. 거의 기술 정보가 차단된 상태에서 자체적으로 새로운 방안을 모색해야 하는 상황이었지만 조선시대 건축 장인들은 낮은 사회 지위 탓으로 그런 과제를 수행하기에 역부족이었다.

그렇다고 장인들의 창작열이 완전히 빛을 보지 못한 것은 아니다. 조선시대 장인들은 낙천적인 자세로 생동감 넘치는 화반을 새겼으며 세부의 정교함을 뛰어넘어 대범한 마음가짐으로 건물 전체가 갖는 완결성에 중점을 둔 집을 지어나갔다. 장인들이 그들의 기량과 열정을 베푼 곳은 건물이 지어지는 터와 주변 자연이었다.

한반도의 지형은 산이 많고 전국의 산들은 어디를 가나 샘물이 흐르고 사람들이 산에 의지해 생활하기에 적당할 정도의 완만한 경사를 이루고 있었다. 지질학적으로 노년기 산의 특징이다. 중국에도 한반도와 유사한 조건의 지세가 물론 있을 것이다. 그러나 이런 지세의 특성을 살려 자연과 조화를 이룬 건축을 만들어내는 데는 오랜 세월에 걸친 인문학적인 합의가 필요하다. 그런 점에서 중국은 그들이 만들어낸 또 다른 합의를 따랐다. 중축선을 강조하고 좌우 대칭을 살린 네모반듯하고 엄정한 질서를 갖추는 방식이다. 한반도에서는 이런 중국식 배치 원리와는 전혀 다른 원리를 추구했다. 그것은 무리하게 축선을 지키려 하지 않고 억지로 대칭을 만들지 않고 최대한 자연 지세를 따라서 건물을 배치하는 방식이다. 일본은 전반적으로 산세가 가파르다. 지질학적으로 장년기에 속하는 셈이다. 지진도 잦다. 따라서 자연에 적극 다가가기보다는 인공적인 피난처를 구축하는 쪽에 더 관심을 기울인 듯하다. 큰 지붕을 만들고 가급적 필요한 공간을 그 안에서 해결하는 방식이 창출되었다.

자연과의 조화에 각별한 관심과 건축적 배려를 아끼지 않은 조선시대 장인들의 노력이 가장 두드러지게 나타난 곳은 누각 건물이라고 할 수 있다. 누각 건물의 원조는 중국이다. 지금도 중국의 오래된 도시들에 가면 4, 5층 되는 목조 누각이 도시 한가운데 버티고 있어서 도시민들의 사랑을 받으며, 옛 성문 위에는 3, 4층 누각이 위용을 자랑한다. 조선시대 누각은 기껏해야 2층 정도다. 그러나 누각이 자리 잡은 곳은 앞으로는 시야가 탁 트이고 좌우는 완만한 산세를 배경으로 소나무 휘어진 가지가 바람에 흔들리는 경승지가 태반이다.

창덕궁의 여러 건물 가운데 가장 볼만한 건물은 부용지 연못을 굽어보는 주합루라고 하겠다. 이 건물의 진면목은 상층 누각에 올라 주변을 바라볼 때 맛볼 수 있다. 부석사의 압권은 무량수전 앞 안양루이다. 여기서 내려다보는 산들이 겹겹이 이어지는 모습은 마치 대양에 일렁이는 파도 같다. 화왕산 깊은 골짜기에 있는 창녕의 관룡사는 지금도 찾아가기가 수월치 않지만 일단 이 절에 가서 원음각이라는 누각에 오르면 절을 찾느라 애쓴 피로가 한순간에 날아가는 듯하다. 눈 앞에는 씩씩한 기상을 지닌 경상도의 산들이 펼쳐지고 어디선가 부는 시원한 바람은 솔향기까지 담아서 공해에 찌든 폐부를 맑게 청소해준다. 동아시아 어디에 가도 이런 건축의 감흥은 맛보기 어렵다고 생각된다.

20세기에 들어와 서양의 근대적 합리주의가 절대적인 가치를 인정받으면서 건축에서도 전체적인 틀보다는 규격화되고 정확하게 계산된 세부가 중시되고 합리성이 존중되었다. 21세기로 넘어가자 이런 근대주의적 이념은 더 이상 유효하지 않다는 목소리가 커진다. 다양한 얼굴을 가진 세부를 인정하고 이를 전체가 포용하는 것에 가치를 두려는 시도들이 엿보인다. 주변 환경을 고려하고 이웃한 사물들과 조화를 이룬 집에 주목하는 움직임도 나타나고 있다. 한국 건축이 지닌 가치가 새삼 주목되는 여건이 마련되는 듯하여 자못 기대가 커진다. 다시 한 번 누각에 올라 가슴 가득히 바람을 느끼고 싶은 때다.

1   호상胡床이 고대 중국의 일상생활에 보급되는 과정에 대해서는 《위진남북조실내환경예술연구》(조림趙琳, 동남대출판사, 2005, 남경南京)에 상세한 논고가 있다.

2   대표적으로 평양 인근의 쌍영총이나 황해도 안악3호분에는 탑에 앉은 모습이 묘사된 그림이 있고, 집안의 무용총에는 의자에 걸터앉은 자세의 그림을 볼 수 있다.

3   《삼국유사》 권 3 흥법興法 제3 순도조려順道肇麗 및 난타관제難陁關濟.

4   《삼국사기》 권 26 백제본기 제4 성왕 19년.

5   《삼국사기》 권 27 백제본기 제5 무왕에는 왕흥사가 600년 무왕 때 창건되었다고 기록했으나, 2007년 왕흥사 터에서 발견된 사리함 몸통에 이 절이 백제 위덕왕이 죽은 왕자를 위해 절을 창건했다는 명문이 나와 창건 연대가 577년으로 밝혀졌다.

6   《일본서기日本書紀》 권 20 민달천황敏達天皇 6년 11월.

7   《일본서기》 권 21 숭준천황崇俊天皇 원년.

8   上田正昭, 《私の日本古代史》, 新潮社, 2013.

9   652년 장안에 세운 자은사탑, 일명 대안탑은 벽돌로 축조한 7층탑으로 전체 높이는 64미터이다.

10 14세기 중엽 이래로 이어진 동양 3국의 교류 단절에 대해서는 고병익(《동아시아의 전통과 변용》, 문학과지성사, 1999)의 견해를 따랐다.

11 《원야園冶》 권 1 흥조론興造論 1 상지相地 방택지傍宅地 말미에 "固作千年事, 寧知百歲人足矣, 樂閒悠然護宅"이라고 적었다.

12 중국의 건축사 개설서로는 1962년 건축과학연구원 건축 이론 및 역사 연구실의 중국건축사편집위원회가 간행한 《중국건축간사中國建築簡史》가 출간되어 그 토대를 이루었다. 이후 1980년에 중국건축공업출판사에서 유돈정劉敦楨 주편主偏으로 《중국고대건축사》가 출간되었으며 1990년대에 와서는 다른 여러 저술들이 나왔다. 국내에는 첫 번째 책이 양금석 번역으로 1990년 출간되었고 유돈정 주편의 책은 1995년에 한동수 등의 번역이 출간되었다.

13 《목경木經》은 현존하지는 않고 송나라 때 심괄沈括이 쓴 《몽계필담夢溪筆談》에 《목경》의 내용이 인용되고 있을 따름이다.

14 우리나라의 중층 건물은 상하층 지붕이 각기 별개의 지붕 구조를 이루고 있어서 비교적 고식古式에 속하는 방식으로 일관한 셈이다. 고려시대에는 남송南宋과의 교류가 많았지만 남송 선종 사원의 지붕 구조는 결국 도입되지 않았던 셈이다. 예외적으로 이따금 부계 비슷한 구조가 보이기도 하는데, 창덕궁 후원 내 존덕정이나 대한제국기에 태조를 기리기 위해 건립한 서울 원구단의 황궁우 건물을 들 수 있다. 황궁우는 건물은 중층 지붕인데 하층 지붕 아래로 또 하나의 지붕을 갖추어 3층처럼 보인다. 대한제국의 위상을 높이기 위해 종전에 짓지 않던 부계 구조를 중국에서 차용해온 것으로 짐작된다. 왜 우리나라 건물에 이런 유형의 지붕이 보이지 않는지에 대해서는 앞으로 연구할 과제이다.

15 유서걸劉叙杰 주편主編, 《중국고대건축사》 1권 제5장 한대건축漢代建築.

16 중국사회과학원고고연구소, 《북위낙양영녕사 1979~1994년 고고발굴보고》, 중국대백과전서출판사, 1996.

17 황수영, 〈신라 황룡사구층탑 찰주본기와 그 사리구〉 《동양학》 3, 1973.

18 1961~1963년에 시행된 해체 수리 시 발견된 묵서墨書에 기록되었다. 원문은 《서울남대문수리보고서》(서울특별시교육위원회, 1965)에 수록되어 있다.

19 일례로 1376년 부석사 조사당 신축 공사의 대목은 선사 심경心鏡이었으며, 1473년 도갑사 해탈문은 대선사 각여覺如가 대목 일을 맡았다(《한국고건물상량

기문집韓國古建物上樑記文集》, 1965).

20 김동욱, 《한국건축공장사연구韓國建築工匠史研究》, 기문당, 1993 참조.

21 김동욱, 앞의 책 참조.

22 《삼국사기》 권 33 잡지雜志 옥사屋舍조에는 5두품은 '산유목山楡木'을 쓰지 못한다고 규정한 기사가 있는데, 산유목은 느릅나무를 가리키는 것으로 보이며 진골에서 6두품까지는 산유목이 허용되었다고 이해된다.

23 박상진, 《역사가 새겨진 나무이야기》, 2004.

24 《화성성역의궤華城城役儀軌》 권 1 전교傳敎 갑인년(1790) 3월 11일.

25 《인정전영건도감의궤仁政殿營建都監儀軌》 승전承傳.

26 경복궁 근정전은 지난 2000년 고주 일부에 균열이 발생하여 전면 해체 공사에 들어가 만 3년이 걸려 2003년 공사를 완료했다. 부러진 고주는 전나무로 밝혀졌다.

27 원전은 Joseph Needham and Wang Ling and Lu Gwei-Djen, *Science and Civilization in China*, Vol. 4 part 3-1 Civil Engineering이며 여기서는 일본의 번역본 《中國の科學と文明》 제10권(土木工學思索社, 1979)을 참고했다.

28 초기 중국의 기와에 대해서는 《중국고대건축사》 1권의 내용에 의존했다.

29 한漢나라 궁궐을 언급한 《삼보고사三輔故事》에는 "건장궁의 궐상에는 동으로 만든 봉황이 장식되어 있다"는 기사가 있다. 《중국고대건축사》 1권 제5장 한대건축漢帶建築.

30 《文化財講座 日本の建築》 2 古代の建築技法, 第一法規出版株式會社, 1976.

31 1990년대에서 2000년대 전후해서 저자가 산서성이나 산동성 등 화북 지역을 여행하던 중에 시골의 작은 사당이나 민가의 퇴락한 지붕에서 흙을 올려 그 위에 기와를 얹은 사례를 쉽게 볼 수 있었다. 그러나 북경이나 태원 등 대

도시의 큰 사찰이나 관청 건물의 지붕은 내부 구조를 눈으로 확인하기는 어렵지만 지붕 두께로 미루어 흙을 올렸다고는 생각되지 않고 역시 회를 덮었던 것으로 추측되었다.

32 《영조법식營造法式》권 13 와작제도瓦作制度의 용와用瓦편에 교니膠泥, 편니編泥, 순석회純石灰를 사용하는 방법에 대한 내용을 언급하고 있다. 여기서 교니는 산자 위에 교토를 바르고 진흙을 올리는 것, 편니는 흙만을 올리는 것, 순석회는 석회만을 사용하는 것으로 해석된다. 竹島卓一,《營造法式の研究》3 제11장 瓦作.

33 1930년대에 발간된 영조학사휘營造學社彙 간행 잡지에는 영락궁을 비롯한 주요 전각의 수리 도면이 실려 있으며, 이들 도면에서 지붕에 석회층이 명기된 예가 다수 보인다.

34 《日本建築史》新訂建築學大系, 彰國社, 1967, 121쪽.

35 산가와라棧瓦의 출현에 대해서 이를 오츠大津의 미이데라三井寺 아래에 살던 니시모리西村라는 사람이 발명했다는 글이《建築もののはじめ考》(오사카건설협회, 1973)의 기와편에 소개되어 있지만 글을 쓴 저자도 신빙성을 의심하는 견해를 적었다. 따라서 그 출현 과정은 아직 불명확하다고 하겠다.

36 《영조법식》은 제5권 대목작제도大木作制度 2 처마〔檐〕항에서 대연첨大連檐을 설명하면서 처마 곡선이 형성되는 과정을 언급하고 있지만, 법식에 쓰인 내용만으로는 실제 곡선을 결정하는 구체적인 방법은 명시하지 않은 셈이다. 이것은《영조법식》이 건축의 기본적인 기법을 명시하는 데 그치고 각 지방에 따라 나타날 수 있는 지역 차이까지는 기술 대상으로 삼지 않았음을 시사한다.

37 《영조법식》제5권 대목작제도 2의 서까래〔椽〕항에 포연布椽 방식이 기술되어 있는데, 대체로 우리나라와 동일하게 추녀 끝 지점에서 선자연이 시작되는 것으로 이해된다. 반면, 청대에 간행된《공정주법칙례工程做法則例》에서는 선자연을 '익각교연翼角翹椽'이라 하여 추녀 끝 안쪽에서 시작하게 되어 일종의 마족연馬足椽을 형성한다. 마병수馬炳堅,《중국고건축목작영조기술中國古建築木作

營造技術》, 과학출판사, 1995, 225쪽.

38 일본 건축의 처마 곡선에 대해서는 《日本建築の意匠と技法》(大岡實, 中央公論美術出版, 1971) 제3장 일본 고건축의 기법의 기술을 따랐다.

39 유연하고 자연스러운 처마 곡선을 만들기 위해서는 평고대平高臺를 완만하게 휘어뜨리고 양 끝으로 가면서 안쪽으로 기울어지게 해야 한다. 이를 위해 평고대에 무거운 돌을 달아매서 곡선을 잡는 방식을 썼는데, 일하는 여건에 따라 또는 일을 맡은 장인들의 솜씨에 따라 일의 성취도가 차이가 나곤 했다.

40 일본의 경우, 주택의 지붕 재료는 암키와, 수키와를 올리는 본격적 기와지붕은 거의 없고 가야부키茅葺 또는 산가와라부키棧瓦葺, 즉 간이 기와인 산가와라를 사용했기 때문에 기술적으로도 곡선 처마를 만드는 것과는 거리가 멀어졌던 점도 있다. 조선시대에 살림집까지 처마에 곡선을 살린 배경에는 지붕에 여전히 암키와, 수키와를 사용한 기술적 답보도 한몫을 했다고 볼 수 있다. 중국이나 일본에서 기와는 이미 전통적인 암키와, 수키와를 버리고 간편한 형태로 전환되어 여기 맞추어 처마에 대한 시공 방식이 달라진 데 반해 조선시대 기와는 전혀 변화를 보이지 않았다.

41 《중종실록》에는 경회루가 중국 사신을 접대하는 곳이라는 이유로 청기와로 고치려고 하면서 이미 근정전이 청기와로 되어 있음을 언급한 기사를 읽을 수 있다. 《중종실록》 권 41 중종 15년 12월 18일.

42 광해군은 인경궁을 지으면서 황기와를 구워 사용하도록 했다. 당시 국내에 황기와 제작 기술이 없다고 하자 기왓장을 중국 남경에 보낼 계획까지 세웠으나 결국 포기했다. 그 과정은 《광해군일기》 광해군 9년 6월 23일, 10년 4월 28일 기사 등에서 산견된다.

43 《세종실록》에는 세종 15년에 근정전의 기와를 청기와 대신에 아연와亞鉛瓦를 구워서 덮으려는 계획을 논의하는 기사가 보인다. 아연와는 이후 17세기 《산릉의궤山陵儀軌》에 종종 등장하며 주로 정자각에 쓰였다. 2010년 세종의 능인 영릉英陵의 신도神道를 발굴하는 과정에서 일반 기와보다 광택이 뚜렷하고 단

한국건축 중국건축 일본건축

354

단한 기와 여러 점이 출토되었는데, 아연와의 실물로 판단된다.

44 소묵蕭黙 주편主編, 《중국건축예술사》 제10장 명청건축明淸建築 3, 문물출판
    사, 1999.

45 《영조법식》 제13권 와작제도瓦作制度 용수두등用獸頭等.

46 이 책자의 저술 시기는 1920년대로 추정하고 있지만 추정의 근거가 불분명하
    다. 《상와도像瓦圖》 외에 1622년 유몽인柳夢寅이 지은 《어우야담於于野談》에
    잡상이 언급되어 있고 여기서는 10신으로 서유기의 주인공들이 열거되어 있
    다. 《어우야담》에는 새로 부임한 관리를 골탕 먹이려는 수단으로 잡상의 이름
    을 순서대로 외우도록 한다는 일화가 소개되고 있다. 따라서 잡상과 서유기의
    주인공에 대해서는 일찍부터 이야깃거리로 등장했을 가능성이 크다. 다만 실
    제의 건물에서 삼장법사나 손오공, 저팔계가 형상화되었다고 볼 수 있는 사례
    는 거의 알려진 것이 없다.

47 회암사지 출토 잡상에 대해서는 〈고려시기 잡상연구〉(조원창, 《지방사와 지방문화》,
    2013. 5)가 있으며, 조선시대 잡상의 형태에 대해서는 〈고려와 조선잡상의 도
    상변화〉(윤나영, 《충북문화재연구》, 2011. 6)가 참고가 된다.

48 《일본건축사휘日本建築辭彙》는 동경대학 교수를 지낸 나카무라 다츠타로中村達
    太郎가 1906년 당시의 일본 건축 용어를 정리한 것으로 이후 일본 건축의 학
    술 용어는 이 책자에 크게 의존하여 사용되었다. 책자는 수차례 판을 거듭하
    다가 2011년에 신정판新政版이 중앙공론미술출판에 의해 간행되었다.

49 소묵蕭黙 주편主編, 《중국건축예술사》 상, 문물출판사. 또한 유서걸劉叙杰 주
    편主編의 《중국고대건축사》 권 1 제3장 주대건축周代建築에 의하면 전국시대
    동기銅器나 유기鍮器 등의 기물에 일두이승一斗二升이 묘사된 유물을 확인할
    수 있다고 한다.

50 杉山信三, 〈高麗末朝鮮初の木造建築に關する硏究〉(사가판私家版, 1952)로 발표
    되었으며 그 내용은 1965년 고고미술동인회에서 한글로 번역, 영인 등사본을
    냈다. 1984년에 《韓國の中世建築》(相模書房)으로 출간했다.

51 도다이지 재건을 주도한 인물은 추겐重源이라는 승려였는데 그는 여러 차례 강남 지방을 직접 가서 건물을 보았으며 귀국할 때 남송의 기술자인 진화경陳和卿과 동행하였다. 진화경은 본래 불상 주조 기술자였지만 건축에도 조예가 깊어 도다이지 재건의 '총목공總木工'에 임명되었다. 최근에는 도다이지의 새로운 건축 형식은 진화경 등 남송 기술자의 지도로 완성되었다고 보는 견해가 지배적이다(田中淡, 〈重源の造營活動〉《佛敎藝術》105 및 關口欣也, 〈福建と大佛樣異聞〉《江南禪院の源流, 高麗の發展》, 中央公論美術出版, 2012).

52 이 건물이 소개된 것은 곽대항郭黛姮 주편主編《중국고대건축사》권 3 제6장 종교 건축이며 도면과 사진이 제시되어 있다.

53 《영조법식》의 정두공丁頭栱은 엄밀하게는 수덕사 대웅전과 같은 기능을 한다고 보기는 어려운 점이 있다. 수덕사 대웅전의 헛첨차가 기둥머리에서 돌출하고 있는 데 비해서 정두공은 주로 평좌에 쓰이는 동자주에 결구되는 것이기 때문이다. 그러나 기둥 몸체에 직접 꽂아서 상부의 포를 받친다는 점에서는 동일한 성격을 가진 부재로 볼 수 있다고 생각된다.

54 태령 감로암은 소실되어 현재 건물은 없다고 알려져 있다. 다행히 소실 전《문물文物》(1959년 10기)에 부희년傅熹年이 작성한 삽도가 전하고 있다.

55 杉山信三, 〈高麗末朝鮮初の木造建築に關する硏究〉(사가판, 1952). 이 글은 1967년 고고미술동인회에서《고려 말 조선 초의 목조건축에 관한 연구》라는 제목으로 한글 번역판을 냈다.

56 김동욱, 〈주심포 다포라는 용어는 언제부터 쓰였을까?〉《건축역사연구》 17권 5호, 2008. 10 참조.

57 강인구(《한국민족문화대백과사전》〈장군총〉)에 의하면 초기 일본인 학자들은 장군총을 광개토대왕릉으로 보는 견해가 우세했지만 1950년대 이후 북한에서는 이를 장수왕으로 보는 데 의견이 일치되는 경향이며 중국에서도 장수왕으로 추정하고 있다고 한다.

58 불국사가 조성되던 시기보다 조금 이른 신라 경덕왕 때 경주 시내 문천에 월

정교가 건설되었는데, 지난 1985년 교량 석축 하부를 조사한 결과 목재로 짠 방형 격자틀 안에 작은 돌들을 채운 구조가 노출되었다. 이것은 석축 하부가 물에 쓸려나가는 것을 방지하기 위한 것으로 추정되는데 그 구조 형식은 불국사 석축과 동일하다. 월정교 하부에서 목재로 짰던 격자틀이 불국사 석축에서는 모두 석재로 치환된 것이다. 한편 월정교 하상과 유사한 구조는 7세기 일본에서도 발견되었다. 672년 한반도 이주 세력의 지지를 얻고 있던 황태자에게 쿠데타를 일으킨 임신壬申의 난의 싸움터가 되었던 오츠大津시 세타瀬田교 하부에도 유사한 구조가 발굴되어 한반도의 기술이 건너간 것으로 알려졌다. 오츠시역사박물관 전시물.

59 향로 주변의 박석은 금세기에 들어와 왕릉 관리가 소홀해지면서 대부분 사라지고 말았지만 지난 2000년경 여주 영릉(효종릉)에서 정자각 앞마당에 대한 발굴 조사 결과 향로에서 수라간, 수복방 사이에 전면에 걸쳐 박석이 깔려 있었던 유구遺構가 확인되었다(발굴은 기전문화재연구원).

60 예를 들어 정조는 1793년 부친 사도세자의 무덤인 현륭원을 수원 화산 아래로 옮기면서 장릉의 예를 들어 병풍석과 난간석은 물론 와첨상석까지 설치했다.

61 2005년 이후로 국립문화재연구소를 비롯한 몇몇 학술 기관이 러시아와 공동 조사의 형태로 연해주 일대에 대한 학술 조사를 전개해왔으며 그중에는 구들 유적에 대한 조사 성과가 다수 포함되었다.

62 김동욱, 《개정 한국건축의 역사》, 기문당, 2007, 170~175쪽.

63 이런 의자는 다카미쿠라高御座라고 부르며, 즉위식이나 조하 의식 때 사용했으며 10세기 문헌인 《연희식延喜式》에 관련 기사가 등장한다고 한다. 현재 대극전에 복원해놓은 의자는 교토 어소에 보관되어 있는 것을 토대로 만들어졌다고 한다(위키피디아, 다카미쿠라).

64 고대에 판재를 얻기 위해서는 통나무에 세로 방향으로 쐐기를 일렬로 박아 나무를 얇게 쪼갠 다음 표면을 다듬는 방식이었다고 전한다. 통나무를 가로 방향으로 갈라내는 톱이 우리나라에 등장한 시기는 잘 알 수 없지만 일본에서

이런 용도의 톱인 오가大鋸가 처음 등장하는 것이 14, 15세기경 규슈 지방으로 본다. 문헌에서 최초로 대거가 등장하는 것이 1444년 작성된 《하학집下學集》이고 규슈 지방에서 이를 '朝鮮鋸'라고 불렀다는 점이 이를 뒷받침한다(中村雄三, 《圖說日本木工具史》, 大原新生社, 1974, 99쪽). 이런 정황으로 미루어 한반도에서는 늦어도 고려 말 이전에 대거가 나타났다고 볼 수 있다.

65 공주에 새로 부임한 태수가 동정東亭이란 건물을 지었는데, 그 실내에 "冬以燠室, 夏以凉廳"을 갖추었다고 적었다. 《동문선東文選》 권 65 기記 〈공주동정기公州東亭記〉.

66 《선화봉사고려도경宣和奉使高麗圖經》 권 28 공장供帳1 와탑臥榻조에 "고려의 실내는 침상 앞에 낮은 걸상이 놓여 있는데, 3면으로 난간이 세워져 있다. 각각 무늬 비단 보료가 깔려 있다. 또 큰 자리가 놓여 있는데, 왕골 돗자리는 편안하여 오랑캐 풍속이라는 느낌이 들지 않을 정도이다. 그러나 이것은 단지 국왕과 귀신貴臣에 대한 예식과 중국 사신을 접대할 때만 사용될 뿐이다. 서민들은 대부분 흙 침상인데, 땅을 파서 온돌(火坑)을 만들고 그 위에 눕는다"고 적었다.

67 온돌과 마루와 장수藏守, 유식遊息의 관계에 대해서는 《도산서당》(김동욱, 돌베개, 2012, 107쪽)을 참조 바람.

68 Qinghua Guo, *The Chinese Domestic Architectural Heating System [Kang]: Origins, Appications and Techniques*, 2002.

69 섬서성 서안시 출토 이정훈묘석곽李靜訓墓石槨, 《중국고대건축사》 권2, 607쪽.

70 야마다데라山田寺는 649년경 창건된 것으로 전하며 발굴 유구는 창건 시 유구로 판단하고 있다. 발굴된 유구는 보존 처리한 후 현재 나라시 아스카사료관에 실물 전시되어 있다.

71 《삼국사기》 권 33 잡지 제2 옥사조.

72 永田英正 편編, 박건주 역, 《아시아의 역사와 문화》 1권, 신서원, 1996,

204쪽.

73 《논어論語》제5편 공야장公冶長.

74 〈오도부吳都賦〉 외에 〈서도부西都賦〉에도 궁실에 채색으로 치장하고 주칠로 장식한 기사들이 보여서 후한後漢대에는 건축 채색이 적어도 궁실에서는 보편화되었다고 볼 수 있다. 《문선文選》 〈서도부〉 및 〈오도부〉.

75 《철경록輟耕錄》은 원나라 말 도종의陶宗儀가 편찬한 수필집이며 전체 30권으로 원나라의 법률 제도와 경제, 문학, 예술 등을 다루었다.

76 반곡서潘谷西 주편主編, 《중국고대건축사》 제4권 원명건축 제10장 건축결구여장수기술建築結構與粧修技術.

77 뵤도인의 장식은 대부분 퇴락해서 실상을 눈으로 확인하기는 어렵지만 인접한 박물관 봉상관鳳翔館에 원래 형태와 채색을 복원 전시해놓았다.

78 닛코日光 다이유인大猷院은 검은 옻칠에 금빛 장식의 출입문이 돋보인다. 요도쿠인陽德院은 센다이仙台시 교외 즈이간지瑞巖寺 경내에 있으며 센다이 영주 다테 마사무네伊達政宗의 부인 아이히메愛姬를 추모하여 지은 사당으로 1660년 마사무네의 손자가 지었다.

79 같은 4동 중정형에 속하는 건물 배치에도 성격이 다른 요소들이 포함된다. 예를 들어 안동 봉정사는 지금은 사라졌지만 누각 바로 뒤에 담장이 있고 담장 중앙에 진여문이 있었는데, 이런 경우 중정의 성격은 전혀 다른 모습이었다고 짐작된다.

80 사명대사가 쓴 〈안양루중창기安養樓重創記〉는 부석사 안양루에 현판의 형태로 걸려 있다가 최근 부석사 유물관에 옮겨 보관하고 있다. 기문은 《한국의 사찰 현판 1》(신대현, 혜안, 2002)에 전문이 실려 있다.

참고문헌

한국 건축, 중국 건축, 일본 건축에 대해서, 한글로 된 서적과 국내에 번역된 책에 한정
해서 근래에 간행된 것들을 소개한다.

우선 한국 건축에 관해서는 통사류로
《한국의 건축》(윤장섭, 서울대학교출판부, 2005)
《한국 건축사》(주남철, 고려대학교출판부, 2006)
《개정 한국 건축의 역사》(김동욱, 기문당, 2007)
《한국 건축통사》(대한건축학회편, 기문당, 2014)가 참고가 된다.

한국 건축의 세부에 대해서는
《한국 목조건축의 기법》(김동현, 발언, 1995)
《지혜로 지은 집 한국 건축》(김도경, 현암사, 2011)
《전통건축구조》(홍병화, 도서출판선, 2013)가 길잡이가 된다.
이 책 내용과 관련하여 한국 건축의 공간을 풀이한 뛰어난 책으로
《흐름과 더함의 건축 : 안영배의 한국건축읽기》(안영배, 다른세상, 2008)가 있다.

중국 건축과 일본 건축에 관련해서는 아래의 저서 및 역서를 볼 수 있다.
《도설 중국건축사》(양사성(한동수·양호영 역), 세진사, 1992)
《일본건축사》(오타 히로타로(박언곤 역), 발언, 1994)
《중국고대건축사》(유돈정(정옥근·한동수·양호영 역), 세진사, 1995)
《중국의 건축》(윤장섭, 서울대학교출판부, 1999)
《일본의 건축》(윤장섭, 서울대학교출판부, 2000)
《일본건축사》(고토 오사무(김왕직·조현정 역), 한국학술정보, 2011)